TOM ZÉ

cadernos
de
música

TOM ZÉ

ENSAIO
Sergio Cohn

ENTREVISTA
Ana Paula Simonaci
Daniel Medina
Paulo Almeida
Sergio Cohn

Tucán Ediciones

azougue

Cadernos de Música | Tom Zé

EQUIPE EDITORIAL
Brasil
Sergio Cohn

Chile
Cristián Jiménez Plaza | Patricio Cuevas

Argentina
Violeta Weinschelbaum

Portugal
Ivan Lima | Lia Pereira
Conselho editorial: Charles Gavin | Daryan Dornelles |
Fernando Sousa | João Carlos Calixto

Estados Unidos
Darien Lamen

CORDENAÇÃO EDITORIAL E PROJETO GRÁFICO
Sergio Cohn | Cristián Jiménez Plaza | Darien Lamen

OS CADERNOS DE MÚSICA FORAM CRIADOS ORIGINALMENTE POR
Ana Paula Simonaci | Janaína Marquesini | Leonardo Lichote
Paulo Almeida | Sergio Cohn

FOTOS
Daryan Dornelles (capa); Acervo pessoal (12, 16, 21, 24, 29, 36,
41, 46, 50, 54, 59, 62, 69, 74) ; Sergio Cohn (82).

ISBN: 978-85-65332-36-1

AZOUGUE PRESS
Coordenação Geral Sergio Cohn
Brasil | CNPJ 12.272.339/0001-26
Portugal | NF 515805394
USA | E. Id. 803650511
Coordenação Editorial Sergio Cohn | Darien Lamen
Chile | Tucán Ediciones RUT 77.369.106-1
Coordenação Editorial Sergio Cohn | Cristián Jiménez Plaza

cadernos
de
música

Cadernos de Música tem como proposta principal a criação de amplos perfis de importantes músicos latino-americanos. Lançada inicialmente no Brasil, em 2020, a série expandiu seu campo de atuação para Chile e Argentina em 2022, guiada pelo desejo de fomentar um maior diálogo entre os países latino-americanos sobre as suas semelhanças e diferenças culturais. Agora, a Azougue Press tem orgulho de trazer a série para a América Norte.

Cada volume apresenta um ensaio biográfico segindo de uma grande entrevista. Os leitores poderão também descobrir fotos raras (muitas delas selecionadas dos arquivos pessoas dos artistas) que provêem um retrato intimista do trabalho e do cotidiano dos músicos homenageados. Uma cronologia, a referência biográfica dos nomes citados nos textos e uma discografia completam cada volume, criando um panorama amplo para pesquisadores e interessados em geral.

Cadernos de Música visa assim ser mais do que uma coleção de livros, mas um ato político de aproximaçao e abertura para o outro, de diálogo franco e estabelecimento de relações entre culturas, sempre acreditando que a música é um vetor importante de conhecimento, de valorização cultural e de transformação social.

Abre-alas

Tom Zé guarda uma Tropicália particular em si. É única sua leitura sobre aquele momento efêmero e eterno da música brasileira (a rigor, vivido entre o festival da Record de 1967 e a prisão de Caetano Veloso e Gilberto Gil em 1968) — uma leitura que remonta à Escola de Sagres e à infância pré-aristotélica que ele viveu no sertão baiano.

Da mesma forma, é única sua trajetória de fidelidade formal ao movimento — não raro, Tom Zé é apontado como o último tropicalista. Afinal, o que são os "arrastões" que ele propôs na década de 1990 senão um desdobramento da antropofagia da Tropicália? E nada mais tropicalista do que a desconstrução e reconstrução afetiva da Bossa Nova (o grande pilar existencial-musical-nacional de sua geração) erguida em seu álbum *Estudando a Bossa*, de 2008.

Sua originalidade nasce de seu olhar incansável de cientista, que ele carrega desde menino — e que se revela tanto no ensaio como na entrevista presentes neste livro. Cientista strictu senso: que estuda música a fundo, dos clássicos às vanguardas, do canto gregoriano ao serialismo; que em sua compreensão da História, do Homem e do Brasil lança mão de um cânone reconhecido no circuito acadêmico, também com um repertório que vai dos autores clássicos aos vanguardistas. E cientista no sentido ao qual ele mesmo sempre se remete, citando Euclides da Cunha, que entende o sertanejo como alguém que lê o mundo como um cientista.

(Qualquer tropicalista poderia ter se interessado pelo funk "Atoladinha". Mas apenas Tom Zé veria ali um "meta-refrão microtonal e pluri-semiótico". E desdobraria sua análise em ventre e cérebro, ou sertão e academia).

Acadêmico e sertanejo (sem fronteiras definidas entre as duas instâncias), o cientista Tom Zé sabe que a ciência é terreno da dúvida, não da certeza. Da pergunta mais do que da resposta. É com essa perspectiva — e um repertório que vai dos aspectos jocosos da iniciação sexual da Irará da primeira metade do século XX até o xadrez da geopolítica e, mais longe, as teorias sobre buracos negros ou as profundezas da psicanálise — que ele se posta à frente de seus temas, e os transforma em canção. É assim que ele estuda o samba — desfazendo os arames farpados da certeza que cercam o gênero na ilustração da capa de seu celebrado disco "Estudando o samba", de 1976. Astronauta libertado.

Como cientista que se preza, Tom Zé sabe muito e não sabe nada. Sabe que a ciência é um pirulito. Sabe que o Largo dos Aflitos não é bastante largo pra caber nossa aflição. Sabe que o essencial deve ser exposto maiusculoso pra não ter engano.

Tudo o que sabe, Tom Zé tem a generosidade de nos explicar pra nos confundir.

Leonardo Lichote

A DESMEDIDA DA INVENÇÃO

por Sergio Cohn

Tom Zé é um dos mais originais músicos contemporâneos, autor de uma obra singular que une o erudito e o popular, o folclore e a invenção. Nascido em Irará, pequeno município do recôncavo baiano, a cerca de 50 quilômetros de Feira de Santana, em 11 de outubro de 1936, Tom Zé recebeu o seu nome artístico a partir de um apelido de infância [2011]:

Eu me chamo, na verdade, Antônio José Santana Martins. Meu nome foi grafado errado, porque meu pai chamava-se Everton Martins de Cerqueira, logo meu nome deveria ser Antônio José Santana de Cerqueira. Mas não se sabe por que, seu Teófilo e Zé Petu, que foram testemunhas no registro ao lado do meu pai, quando me registraram colocaram Martins. Quanto ao nome artístico, é Tom Zé, porque pouco antes de eu nascer, meus pais conheceram um amigo que eles prezavam muito. Esse amigo chamava-se Antônio José e o apelido era Toinzé. Como naquele tempo não se botava apelido como nome, meu pai e minha mãe aproveitaram também a devoção a Santo Antônio e São José e puseram meu nome, Antônio José, na verdade só para poderem me chamar de Toinzé.

Tom Zé passou a infância e a adolescência entre a sua cidade natal e a capital do estado, Salvador, onde cursou o ensino médio. O convívio com a cultura e a fala dos homens da roça e a descoberta durante a sua infância das inovações tecnológicas que estavam chegando ao interior do país foram centrais na sua formação artística e intelectual [2011]:

Eu acredito que é importante sempre lembrar que diversos de nós do tropicalismo, inclusive Torquato Neto e Capinam, que são compositores e por isso menos conhecidos, nascemos em locais onde não havia luz elétrica ou onde a luz elétrica estava sendo instalada naquela época. Capinam nasceu numa fazenda. Então, para nós, o conhecimento do rádio, da televisão, do cinema, da própria luz elétrica, foram ritos de iniciação. Nós conhecemos um tempo de não luz e um tempo de luz, um tempo de não rádio e um tempo de rádio. Naturalmente, é muito diferente da educação das pessoas que já nascem tendo isso como parte do mundo. Falo sobre isso porque quero chegar ao microfone e à guitarra. Para nós, a televisão, a luz elétrica, o cinema, a água encanada eram tão estrangeiros quanto a guitarra e o microfone. Se eu cantava no microfone, podia também tocar guitarra. Não havia essa hierarquia para nós, de que o microfone era menos estrangeiro do que a guitarra elétrica. Tudo era novo no mundo.

Em 1962, Tom Zé se classificou em primeiro lugar nos exames vestibulares, ingressando na Escola de Música da Universidade Federal da Bahia. A UFBA, naqueles tempos, estava vivendo os grandes anos do que Antônio Risério denominou de "Avant-Garde na Bahia". Sob a direção do reitor Edgard Santos, a universidade se tornou uma usina de criação, trazendo para os seus quadros uma excepcional equipe de professores, muitos deles estrangeiros. Foi, ao lado da sua contemporânea Universidade de Brasília, elaborada por Darcy Ribeiro, as duas mais sofisticadas e inventivas experiências de educação superior da história do Brasil.

A equipe em torno da área de cultura da Universidade da Bahia era formada por nomes como Hans-Joachim Koellreuter, coordenador da área musical, que incluía professores como Walter Smetak, Ernst Widmer, Ada Zolinger e Piero Bartianelli; Lina Bo Bardi, que trabalhava na criação do Museu de Arte Moderna; e Martim Gonçalves, que dirigia a área de teatro. Ao redor, jovens promissores como Luiz Carlos Maciel, Glauber Rocha e Carlos Nelson Coutinho. Todos eles, com apoio institucional e financeiro de Edgard Santos, criaram uma ampla ação cultural, cuja potência repercutiu pelas décadas seguintes. Sem a força inventiva daquele ambiente, não seria possível, por exemplo, a explosão tropicalista da segunda metade dos anos 1960, ou mesmo a formulação do Ministério da Cultura de Gilberto Gil, durante o governo Lula,

Com a mãe em Irará,
anos 1930.

entre 2003 e 2008, com sua concepção antropológica da cultura, que já era defendida por Lina Bo Bardi naquela época.

Formado no contexto serial-atonista-dodecafônico da Europa Central, o alemão Koellreuter chegou à Bahia após ter ajudado na constituição da Orquestra Sinfônica Brasileira e participado do controverso grupo Música Viva, que criou, na década de 1940, um amplo debate entre as posições de vanguarda que defendia e os músicos nacionalistas, como Camargo Guarnieri. Koellreuter levou a sua postura aguerrida para as trincheiras da universidade. Como afirma Risério: "Koellreutter — graças à sua persistência, ao seu didatismo e à sua cultura musical — soube remar contra a maré. Mais do que um compositor, ele era um formador — de artífices e de sensibilidades. Pedagogo por excelência, colocava em perspectiva histórica e esquadrinhava em dimensão estética a práxis da vanguarda. Didaticamente, repito. E Glauber Rocha, o jovem Glauber que não hesitava em bater na mesa e cuspir no chão da província, nunca se esqueceu do que viu-ouviu: Koel-l-reutter 'tocava no Auditório da Reitoria Branca do Canela de pré-renascentistas a Stockhausen'".

Tom Zé, que considerava Koellreutter um "pescador de almas", foi por ele fisgado. E, se entrou para o curso de música para seguir o conselho dado pelos seus companheiros do CPC--UNE (do qual foi diretor musical nos anos que precederam o Golpe de 1964) de não repetir a si mesmo, a formação livre que lá teve lhe deu não apenas régua e compasso, mas a desmedida para a invenção.

Essa união entre a cultura popular do recôncavo, testemunhada na infância, e a formação erudita de vanguarda é fundante para a música de Tom Zé. Como afirma José Miguel Wisnik [2011b]:

> *A formação musical de Tom Zé vem de uma mistura de trova nordestina com Seminários de Música da Bahia na época em que estes eram uma ponta de vanguarda do ensino musical. Entre os sons de Irará e as aulas de Koellreutter, sua dicção vocal é francamente sertão e Bossa Nova, sua composição musical vai do tosco ao experimental e as letras são, às vezes, enxutas e cortantes, às vezes derramadas em trocadilhos sentimentais. Mas o resultado é sempre inquieto, interessante: Tom Zé alterna entre a sátira de costumes e o lirismo galáctico e inventa polifonias de ruídos e planos sonoros.*

Naquela primeira metade dos anos 1960, Tom Zé já estava em contato com o que seria denominado "grupo tropicalista": Caetano Veloso, Gilberto Gil, Gal Costa e Maria Bethânia (que não participaria ativamente da Tropicália, mas sempre manteve proximidade com os seus expoentes). Com eles, realizou dois espetáculos em 1964: *Nós, Por Exemplo* e *Nova Bossa Velha, Velha Bossa Nova.*

Se Tom Zé já aparecia desde a virada da década cantando em programas de televisão e realizando alguns shows em boates, *Nós, Por Exemplo* foi um salto. O espetáculo coletivo nasceu a partir da iniciativa do diretor teatral João Augusto, que contou ao Roberto Sant'Ana, seu aluno na Companhia Teatro dos Novos, que a peça *Eles Não Usam Black Tie*, de Gianfrancesco Guarnieri, não ficaria pronta a tempo para a inauguração do Teatro Vila Velha, e sugeriu que ele montasse um show com os jovens músicos de Salvador para substituí-la. Roberto Sant'Ana, então, aproveitou os encontros que aconteciam regularmente na casa da atriz Maria Moniz, e que reuniam os jovens músicos baianos para apresentarem entre si as suas novas composições, para convidá-los a pensar um espetáculo. O que foi prontamente aceito.

O título do espetáculo foi sugerido por Caetano Veloso, e embora Tom Zé, entre outros, tenha resistido, achando que era um nome muito ousado para simples estudantes fazendo música, acabou prevalecendo. No seu livro *Verdade Tropical*, Caetano defende a escolha: "O 'por exemplo' aí queria dizer não que nós éramos um modelo a ser seguido, um exemplo, mas que tínhamos a certeza de que havia muitos outros, toda uma geração a que nós, 'por exemplo', pertencíamos, e que devia sua existência ao aparecimento da Bossa Nova".

O espetáculo estreou no dia 22 de agosto de 1964, com direção de Gilberto Gil e Roberto Sant'Ana e sem Tom Zé no elenco. Este só participaria das outras apresentações, nos dias 7 e 8 de setembro. Ainda assinando Antônio José, apresentou duas músicas de sua autoria: "Maria do Colégio da Bahia" e "Moreninha". Esta última seria defendida por ele no Festival da Record de 1967, por sugestão de Gilberto Gil. Segundo a crítica da época, se no geral os intérpretes do espetáculo ainda demonstravam uma forte influência de João Gilberto, Tom Zé e Maria Bethânia já se destacavam pela originalidade. Ela, pela força dramática que marcaria toda a sua carreira, e ele pela veia satírica.

Depois dos dois shows em Salvador, o mesmo elenco voltaria a se reunir num espetáculo maior, agora em São Paulo: *Arena Canta Bahia*, com direção de Augusto Boal, que na época estava realizando uma série de musicais no Teatro de Arena, com forte influência da dramaturgia de Bertold Brecht. Com estreia num teatro relativamente grande, o TBC, em 1965, *Arena Canta Bahia* teve apenas relativo sucesso, mas serviu para apresentar o grupo baiano ao público paulista. Segundo Caetano Veloso, o espetáculo "não teve nem de longe o sucesso de *Arena Canta Zumbi*. A diferença na receptividade do público era merecida: nosso espetáculo era limpo e simpático, e os valores individuais apareciam como promessas excitantes, mas via-se que o que movia os artistas em cena era uma mistura das marcas dadas pelo diretor como algo abstrato com uma emoção cuja natureza esse mesmo diretor não parecia captar. *Arena Canta Bahia* só nos levava a pensar que um show singelo como os do Teatro Vila Velha teria sido um nosso melhor cartão de visitas".

Depois da breve estadia em São Paulo, Tom Zé voltou para Salvador. Só retornaria para o sudeste em 1967, para o Festival da Record daquele ano. A inclusão de "Moreninha" no Festival não trouxe maiores repercussões para a carreira musical de Tom Zé, embora tenha indiretamente o afetado na trajetória acadêmica: por consequência da viagem para São Paulo, acabou tendo que abrir

Cenas do espetáculo
"Arena Canta Bahia", 1965.

mão do seu trabalho na Universidade. A canção foi interpretada por Djalma Dias, um cantor de boate que nos anos 1970 faria sucesso com a música "Capitão da Indústria", de Paulo Sérgio e Marcos Valle, na trilha sonora da novela *Selva de Pedra*. Tom Zé pouco atuou no Festival, como ele mesmo relembra: "A canção era uma coisa muito velha, mas muito maluca para o mundo da Bossa Nova. Eu tive no Festival no dia que ela foi cantada, mas nem conversei com o arranjador, nem conversei com o cantor, entrei como público. Não tinha ainda essa capacidade de me mexer no ambiente".

De qualquer forma, a experiência serviu para que no ano seguinte Tom Zé soubesse como agir em torno de Festival. Desta vez, ele atuou em todas as frentes: compôs, interpretou e arranjou, junto com o maestro Damiano Cozzella, a canção "São São Paulo, Meu Amor", que conquistaria o primeiro lugar do Festival. A vitória permitiu que Tom Zé saísse da imagem de "primo pobre" do grupo baiano, que em 1968 já estava mais do que consagrado. O produtor Guilherme Araújo afirmou, ao saber o resultado: "Só faltava o Tom Zé!". Todos os outros já estavam gravando discos e conquistando espaço de público e crítica. Em matéria sobre o Festival para a *Folha de S. Paulo*, Adonis de Oliveira comentou a vitória, no calor da hora [2011b]:

> *Tom Zé é o mais cáustico dos baianos. O mais agressivo, o mais crítico e o mais direto da turma. Suas músicas são todas satíricas, caricaturais. É uma espécie de Juca Chaves mais consequente. Sua matéria-prima é a sociedade, tal qual en-*

controu, vindo de uma cidadezinha como Irará, no interior da Bahia, filho de "seu" Everton. A música de Tom Zé, que engloba os gêneros mais diversos, como o baião, o samba, o xaxado, o "som da pilantragem", o iê-iê-iê etc., apresenta sua revolta diante da máquina, da propaganda, da televisão, das tradições, das reputações pré-fixadas, da intolerância, da velhice, do jornal, do diabo a quatro. "São São Paulo, Meu Amor" é um retrato cruel da cidade, sem retoques, sem a mínima contemplação.

Poucos dias antes do Festival, Tom Zé enviou um texto de apresentação para a imprensa, quase manifesto, onde é possível ver citações de versos da canção "2001", composta por ele e também apresentada no mesmo Festival, defendida pelo grupo Os Mutantes. "2001", com arranjo arrojado de Rita Lee, que uniu música sertaneja e psicodelia, conquistou o quarto lugar do festival. O texto de Tom Zé mostra também que ele já dominava a sua linguagem expressiva, unindo a escrita saborosa com uma análise provocativa e profunda do momento cultural [2011b]:

> *– Você é compositor?*
> *– Sou, sim senhor.*
> *– Mas é compositor de música jovem ou de música popular brasileira?*
> *Por esta pergunta, que muitas vezes ouvi, fica parecendo que a música popular brasileira só pode ser velha, pois a música nova e atual não o seria (eu sei da conotação que a palavra*

"jovem" tem nesta questão, mas insisto propositadamente no meu sentido). Parece que é vedado aos compositores "brasileiros" o ato ou a capacidade de renovar.

Considerando isto, um falso dilema nos é imposto: ou sermos "velhos", ou não sermos compositores "brasileiros".

Ora, eu nasci na minha época, sem ter idade, nos braços de dois mil anos, e não quero herdar uma velhice precoce, nem a tentativa lírica e estéril de realizar os sonhos dos meus avós. Não quero o mundo nem a minha obra num passado de laço de fita, embalsamado por possíveis tradições musicais ou culturais de saudades perfumadas. E não quero pedir desculpas por esvaziar a falsa alternativa. Mas os meus trabalhos são atuais (jovens, se for melhor) e, apesar disto, se olho para eles, sinto que são mais nacionais do que as possíveis certidões de nascimento de Ceci e Peri. O que a minha música é, ou o que sou, é a fúria enjaulada de 400 anos e 80 milhões de bocas.

Minha dor é cicatriz, minha morte não me quis e, por estas e outras, quero três vinténs de luta, não quero dez de sossego. Prefiro realmente a Martinha a muitos gloriosos poetas nacionais, e apelaria mais para a influência dela (se fosse o caso) que para muita consagração verde-amarela. O mais gozado é que nem Martinha, nem as "consagrações", nem vós, entendeis por quê.

Quando eu abri os olhos e vi, tive medo. É que eu pensei que vós todos iríeis (é assim mesmo que se diz?) ficar vermelhos de vergonha. Mas qual nada: a vossa hipocrisia já atingira a indiferença da anestesia. Assim é que o mundo que eu vejo tem suas regras e todos estão sentados à mesa, jogando com muita seriedade, respeito e gravata, enquanto disfarçam a faca entre os dentes (os dentes — coroa de espinhos rediviva e alvejada por dentistas cremedentalizantes).

As regras do jogo são simples. Enunciar algumas delas, como eu faço, é que é uma grossura:

A Honestidade é um princípio, mas não deve tornar-se um hábito irrefletido ou uma ideia fixa.

A Religião é aquela coisa que se repete dia de domingo, para aliviar a consciência e mandar brasa na segunda-feira.

A Família é a maior possibilidade de coletivização do egoísmo. Quando ela é grande demais, se subdivide em dois ou mais egoísmos menores, com interesses próprios.

A Honra é um acessório, mas nunca deve ser um obstáculo.

A Caridade é um empréstimo feito a Deus, com vencimento marcado para logo depois do enfarte do miocárdio.

Assim o homem de negócios (uma espécie de Prometeu moderno que, tendo roubado a aritmética aos deuses, recebeu deles o castigo de ter o cérebro roído diariamente pelos números e operações), o homem de negócios, eu dizia, que é uma das peças fundamentais da organização urbana, aperfeiçoou preceitos morais com tal rapidez e versatilidade que os dicionários da língua portuguesa não puderam acompanhar.

Então eu comecei a trabalhar e as cantigas vêm aí. Providenciem escudos e bandeiras e tranquilizantes. Os vossos bra-

ços cruzados formam uma gigantesca corrente de aço (polida com sabonetes e aromatizada com perfumes importados) que tenta aprisionar meu pensamento. Os vossos olhos vidrados de múmias vivas formam um grande espelho mentiroso, que tenta retratar-me como um delinquente.

Os versos musicados são o meio pelo qual eu vos devolvo a imagem.

Naquele momento, Tom Zé já havia lançado algumas músicas. Em 1965, gravou o seu primeiro compacto pela gravadora RCA, com as canções "Maria do Colégio da Bahia" e "São Benedito", que foi lançada também no compacto duplo *Arena Canta Bahia*, ao lado de Gilberto Gil, Maria Bethânia e Piti. Mas foi em 1968 que a sua carreira fonográfica realmente deslanchou. No meio do ano, participou do LP manifesto *Tropicália ou Panis et Circensis*, com a faixa "Parque Industrial". A participação no disco é pequena (ele cantou apenas a sua composição, ao lado de Gal Costa, Gilberto Gil e Os Mutantes), mas foi a partir dela, especialmente, que Tom Zé teve o seu nome associado ao movimento tropicalista.

Segundo Tom Zé, a música "Parque Industrial" era "uma gozação com o tipo de político que dizia que o parque industrial ia salvar-nos de tudo. Mas o parque industrial é apenas um dos elementos da sociedade. É verdade que a parte industrial da produção da sociedade é uma coisa importantíssima. A sociedade pode até negligenciar outras coisas, tendo um bom parque industrial, não é? Mas não é ele só. Se não tiver uma alma criadora, uma alma que seja capaz de concepções, o próprio parque industrial irá falir dentro de pouco tempo. É essa coisa criadora que eu falo da informação. A circulação da informação. Um povo pode até viver sem alimento, mas sem informação ele fenece muito mais depressa".

Embora Tom Zé tenha uma relação ambivalente com a Tropicália, percebendo a importância do movimento, mas entendendo que este era contingencial à sua trajetória pessoal, demonstra perceber a aproximação de propósitos com os outros compositores do grupo, especialmente na busca de uma música nova, informada pelas vanguardas, com destaque para a antropofagia oswaldiana [2003]:

> *O tropicalismo foi a assunção de formas estéticas não praticadas pela música popular brasileira. E nós sabemos que o tropicalismo, como a Bossa Nova, ajudou muito o Brasil a vender tudo o que o Brasil consegue vender hoje, porque um país não consegue viver sem se comunicar e se comunicar é vender, né? Os produtos que o país fabrica são a maior forma de "falar no mundo". O tropicalismo era isso... Era também um Brasil que, na nossa mão, queria "fazer parte do mundo". Nós queríamos fazer parte do mundo. E não ficar como uma coisa à parte do mundo, como um folclore do mundo. Então, graças a isso, a canção brasileira foi muito modificada em sua estrutura, tanto em sua estrutura acordeológica, quanto na estrutura formal, da Gestalt mesmo. Graças a nossa curiosi-*

Tom Zé em Irará,
após ganhar o Festival, 1968

dade, ao fato de pessoas como eu terem estudado numa escola de música, seis anos estudando dodecafonismo, serialismo e tudo o mais. Nós fazíamos uma coisa que Peirce chamaria de "tradução intersemiótica". A gente meio que mastigava tudo e fazia uma digestão e quando fazia aquilo aparecer de novo era de outra maneira inteiramente diferente. Não éramos copiadores da coisa estrangeira, mas éramos francamente abertos à influência das ideias estrangeiras.

Na capa de *Tropicália ou Panis et Circensis*, realizada pelo artista visual Rubens Gerchman, Tom Zé aparece como um "homem da mala": "Eu apareço com uma mala na mão. Foi uma brincadeira, mas não creio que tenha sido só uma coisa gratuita. Eu realmente vinha do interior, mais exatamente Irará, recôncavo baiano. O Guilherme Araújo virou-se para mim e disse: 'Tom Zé, você está malvestido, pegue esta mala para parecer que você está chegando do interior agora'". A imagem, desde então, era do choque entre velho e novo, interior e modernidade urbana, tradição e inovação. Guilherme Araújo, produtor sagaz e também capaz de contribuições conceituais para a consolidação das inquietações dos artistas com que trabalhava, soube perceber que era central para a figura de Tom Zé o deslocamento, o movimento de passagem entre diferentes estágios e situações.

Ainda naquele ano emblemático de 1968, é lançado o seu disco de estreia, *Grande Liquidação*, trazendo faixas como "São São Paulo, Meu Amor", "Curso Intensivo de Boas Maneiras" e

"Catecismo, Creme Dental e Eu". O disco tem arranjos de Damiano Cozzella e Sandino Hohagen, dois compositores de vanguarda que participaram, ao lado de nomes como Gilberto Mendes, Rogério Duprat, Júlio Medaglia e Willy Correia de Oliveira, do Manifesto Música Nova, de 1963. O texto de contracapa, com trechos adaptados de seu manifesto do Festival, acompanha o humor satírico e altamente crítico que domina todo o disco [2011b]:

> *Somos um povo infeliz, bombardeado pela felicidade.*
>
> *O sorriso deve ser muito velho, apenas ganhou novas atribuições.*
>
> *Hoje, industrializado, procurado, fotografado, caro (às vezes), o sorriso vende. Vende creme dental, passagens, analgésicos, fraldas, etc. E como a realidade sempre se confundiu com os gestos, a televisão prova diariamente que ninguém mais pode ser infeliz.*
>
> *Entretanto, quando os sorrisos descuidam, os noticiários mostram muita miséria.*
>
> *Enfim, somos um povo infeliz, bombardeado pela felicidade. (Às vezes por outras coisas também).*
>
> *É que o cordeiro de Deus convive com os pecados do mundo. E até já ganhou uma condecoração.*
>
> *Resta o catecismo, e nós todos perdidos.*
>
> *Os inocentes ainda não descobriram que se conseguiu apaziguar Cristo com os privilégios. (Naturalmente Cristo não foi consultado).*

Adormecemos em berço esplêndido e acordamos creme-dentalizados, tergalizados, yêyêlizados, sambatizados e mis-s-ificados pela nossa própria máquina deteriorada de pensar.

"Você é compositor de música "jovem" ou de música "Brasileira"?"

A alternativa é falsa para quem não aceita a juventude contraposta à brasilidade. (Não interessa a conotação que emprestam à primeira palavra).

Eu sou a fúria quatrocentona de uma decadência perfumada com boas maneiras e não quero amarrar minha obra num passado de laço de fita com boemias seresteiras.

Pois é que quando eu abri os olhos e vi, tive muito medo: pensei que todos iriam corar de vergonha, numa danação dilacerante.

Qual nada. A hipocrisia (é com z?) já havia atingido a indiferença divina da anestesia...

E assistindo a tudo da sacada dos palacetes, o espelho mentiroso de mil olhos de múmias embalsamadas, que procurava retratar-me como um delinquente.

Aqui, nesta sobremesa de preto pastel recheado com versos musicados e venenosos, eu lhes devolvo a imagem.

Providenciem escudos, bandeiras, tranquilizantes, antiácidos, antifiséticos e reguladores intestinais. Amém.

TOM ZÉ

P.S. - Nobili, Bernardo, Corisco, João Araújo, Shapiro, Satoru, Gauss, Os Versáteis, Os Brazões, Guilherme Araújo, O

Quartetão, Sandino e Cozzela (todos de avental) fizeram este pastel comigo. A sociedade vai ter uma dor de barriga moral.

Já neste disco de estreia é possível perceber a radicalidade da proposição artística de Tom Zé, o que resultou em um estranhamento por parte de público e crítica. O disco não atingiu o reconhecimento imediato que foi dado aos álbuns tropicalistas de Gal, Gil e Caetano, por exemplo. Essa postura radical de criação livre se fortalecerá ao longo dos anos, de forma consciente por parte do artista.

É o que vemos, por exemplo, na entrevista para a revista *Bondinho*, em 1972, onde Tom Zé defende a importância "pública" de uma arte de invenção [2008]:

Então vamos falar sobre o problema da "utilidade pública" do ato ou ação de compor músicas ou outro tipo qualquer de arte. Pra medir a importância disto, a gente pode seguir a seguinte cadeia de ideias: se os artistas de um país, de um grupo social, não produzirem alimento para manter acesa a consciência crítica dessa coletividade, dentro de algum tempo essa coletividade estará apodrecendo dentro de suas "raízes". Não que eu queira levantar a discussão já gasta de que raízes também precisam de inverno e de verão, quer dizer, precisam de alimentos de várias naturezas. Bom, a partir daí, presta atenção: Será que a Bossa Nova, por exemplo, além de ter deixado a todos nós melodias bonitas, canções gostosas, pra se comer com farinha ou petit-pois, deixou, num balanço geral, algum dado objetivamente palpável de elevação de nível para o homem brasileiro?

Na medida em que o homem da classe média brasileira criou um processo mental que o tornou capaz de assimilar um cosmo de estrutura mais complicada, por analogia, isto vai atuar em todas as suas escolhas, em seu discernimento. Portanto, do ponto de vista cultural, a gente pode dizer que a Bossa Nova deu à classe média brasileira — que a consumiu — um mundo estético muito maior e mais rico. Afinal, devemos lembrar do maior cuidado de ver e ouvir as coisas que a Bossa Nova requeria para ser assimilada. Era um mundo harmônico muito mais complexo.

| 34

Essa radicalidade em nome da invenção não impediu que Tom Zé conseguisse aliar, nos dois discos seguintes, a experimentação formal com o sucesso de público. A canção "Jeitinho Dela", que defendeu no Festival da Record de 1969 e incluiu no ano seguinte em seu segundo disco, se tornou, ao lado de "Se o Caso é Chorar", lançada em 1972, os dois sucessos de vendas da sua carreira. Nos dois discos que lançou naquele período, Tom Zé soube unir canções líricas e satíricas com uma crescente invenção de linguagem, informada pela poesia concreta. Não por acaso, ele escreve no texto de quarta-capa do seu disco de 1970: "As melhores ideias deste disco devem ser divididas com os meus alunos de composição da SOFISTI-BALACOBACO (muito som e pouco papo) e com Augusto de Campos". O poeta concreto, que desde seu livro *Balanço da Bossa*, de 1968, se aproximou do grupo tropicalista, se tornando um dos mais argutos analistas do movimento, trouxe para Tom Zé o instrumental que este precisava para dar o salto, fazendo do exercício semiótico o ponto central da sua obra subsequente.

A linha francamente experimental é ressaltada no disco seguinte, *Todos os Olhos*, de 1973. Segundo Tom Zé, a mudança veio como resposta a uma crítica negativa [2011b]:

> *Quando eu lancei o* Se o Caso é Chorar, *saiu uma resenha dizendo: 'Tom Zé fez um disco novo. Pior para ele.' Naquele tempo aquilo doeu como o diabo, mas me levou a retomar meu projeto. Tanto que o disco seguinte foi praticamente feito a quatro mãos, por mim e pelo que o crítico me disse. As pessoas nunca falam da crítica negativa ajudando na criação. Mas se eu não tivesse lido aquela resenha, pode até ser que eu encontrasse o caminho de outra maneira. Mas quem me deu a porrada e me fez voltar para o lugar foi aquela resenha.*

Em entrevista para Luiz Tatit e Arthur Nestrovski, Tom Zé explicou o que é esse caminho ao qual retomou em *Todos os Olhos* [2003]:

> *Certa vez passei a manhã toda fazendo uma harmonia para "A Noite do Meu Bem", que foi sucesso com a Dolores Duran e*

Apresentação no Festival
da Canção de 1971.

eu queria gravar, não sei por quê. Uma hora me veio o seguinte pensamento: "Jesus, todo dia que passo horas querendo fazer uma coisa no mainstream — é assim que se fala? — eu chego a uma mediocridadezinha e não vou adiante, e quando deixo minha outra coisa, que não quero chamar de maluquice, minha outra coisa entrar no negócio, acabo achando um resultado que é muito melhor do que o correto".

É um reconhecimento dos defeitos. Quer dizer, conheço pessoas que fariam harmonia para uma música daquelas em 15 minutos, de chorar de beleza, e dos mais variados tipos. Mas eu poderia me arrebentar que não saía. Então, fiz aquela gravação de "A Noite do Meu Bem" que está no disco Todos os Olhos *— e que se não fosse o material da gravação, o estúdio muito precário, os instrumentos muito pobres, até podia ser tocada hoje, como curiosidade.*

Meu negócio era saber que não sabia fazer o certo. E, quem não sabe fazer o certo, você há de imaginar, fica trabalhando no limite... Tem uma fronteira aqui: o universo "música" está aqui, um círculo, e existe uma fronteira, com coisas que estão fora, outras dentro. A pessoa trabalha nessa fronteira.

Todos os Olhos é realmente um disco mais complexo que os anteriores, que pede uma audição mais atenta do público. Tirando "Augusta, Angélica e Consolação", deliciosa homenagem a Adorinam Barbosa e os Demônios da Garoa, as músicas são experimentais, não trazendo concessões ao gosto comum dos ouvintes. A provocação não se ateve a isso. A capa do disco, concebida pelo poeta concreto Décio Pignatari, era uma corajosa brincadeira com o título [2003]:

> *Quando eu ia fazer* Todos os Olhos, *nós estávamos sob uma época de censura muito chateante. Aí o Décio virou pra mim e disse assim: "Pô, esse disco com esse nome, essa canção chamada 'Todos os olhos', a gente podia colocar o olho do cu na capa, né?" Pô, que ideia legal, ainda mais nesse tempo de censura! A gente faz uma coisa bem close, ninguém vai descobrir. Ele tinha uma empresa de publicidade naquele tempo e saiu atrás de modelo. Quando ele falou que tinha que ter modelo, eu fiquei espantado e acanhado, como homem do interior. Vai chamar uma moça pra dizer que vai fotografar o cu dela? Coisa mais estranha! Enfim, ele começou a me mostrar as primeiras fotos. Eu olhava como um grande intelectual olhando pra um negócio muito científico, mas morto de vergonha. Enfim, acabamos escolhendo aquela coisa com a bola de gude no meio e aquilo conseguiu circular sem ninguém saber. Era assim, apenas uma coisa bonita, né? Circulou sem a censura descobrir durante muito tempo. Nem pra Gravadora Continental a gente teve coragem de dizer, porque eles não iam permitir.*

A foto da capa foi realizada por um jovem fotógrafo, Reinaldo Moraes, que depois se tornaria escritor, criando dois romances cults da literatura libertina-libertária brasileira: *Tanto Faz* (1981) e *Pornopopeia* (2009). Segundo Reinaldo conta, a ideia original acabou não se concretizando na prática, embora tenha se conseguido manter a ambiguidade sugerida [2010]:

> *Nos anos 1970, trabalhei como fotógrafo. Um dos trabalhos que realizei foi a foto da capa do disco* Todos os Olhos, *do Tom Zé, que mostra o mais polêmico orifício humano emoldurando uma bolinha de gude verde. O artista e a agência de publicidade responsável pela ideia trocadilhesca da capa ("Todos os Olhos", inclusive o do extremo inferior do tubo digestivo) sempre alardearam que aquilo era mesmo o que parecia — mas não era. Depois de várias tentativas algo grotescas de fixar uma bolinha de gude no ânus de uma complacente amiga, e de fotografar a "instalação" improvisando uma macro-lente com a 50 mm da minha câmera Praktica virada ao contrário, vimos todos lá na agência que a imagem carecia da ambiguidade demandada pelo trocadilho visual que se queria evocar, pois a verdadeira natureza anatômica do dito "olho" não se deixava disfarçar. Vai daí, em nova sessão de fotos focando a bolinha encaixada nos mickjaggerianos lábios da mesma moça, chegamos ao resultado que se pode ver na celebrada capa do LP.*
>
> *A ideia da capa, a frustrada primeira sessão de fotos para tentar realizá-la (o estúdio era um quarto de hotel para caminhoneiros na Régis Bittencourt que fazia as vezes de motel), a barba & cabelão do fotógrafo, o despudor desencanado da namorada-modelo, o próprio disco do Tom Zé, um ovni pós-*

-tropicalista barrado no baile do sucesso fonográfico — tudo isso tinha um deliciosamente obsoleto sabor hippie-guerrilheiro-dadaísta, típico dos anos 1960-70. Hoje, quando conto essa história, longe de chocar minha audiência, o máximo que arranco dos meus jovens interlocutores é a indefectível pergunta: "Lavou a bolinha antes da segunda sessão de fotos?".

A complexidade sonora e conceitual de *Todos os Olhos* cobrou o seu preço, como relembrou o seu autor anos depois [2011b]:

> *Em 1973 fiz o disco chamado* Todos os Olhos, *que tem um cu na capa. Não foi o cu que me tirou da circulação, foi o tipo de disco que era. Eu começava a brincar, a tentar me divertir, a tentar fazer esse negócio que chamo de pequenos abridores de garrafa que a pessoa vai decifrar. Talvez pudesse dizer até que não faço experimentalismo. Eu pego instrumentos experimentais e tento fazer diversão com eles. Então meu métier é diversão, não é uma coisa intelectual. No momento em que eu fiz o* Todos os Olhos, *esse disco me tirou das mídias. Antes tocava em qualquer programa de rádio, ia todo dia na televisão. Eu pensava que ia ser uma alegria. Depois eu disse: "Puxa vida, que erro terrível que eu cometi, que disco desastrado!" Hoje não posso dizer que cometi um erro de estratégia, posso dizer que fiz antes da hora. Eu morria de vergonha, se você me pegasse em 1980, eu nunca seria capaz de dizer um negócio desses: fiz antes da hora.*

Como Rif-Raf na peça
Rock Horror Show,
Teatro da Praia, 1975

Naqueles primeiros anos da década de 1970, começava a despontar no Brasil o que ficaria conhecido como os "malditos", músicos que trabalhavam dentro do âmbito da canção popular, mas sem qualquer concessão às demandas de público ou mercado. E que uniam um comportamento contracultural com o experimentalismo de linguagem. Era o caso de Jards Macalé, Jorge Mautner, Walter Franco, Luiz Melodia. Tom Zé rapidamente foi incluído nesse rol, que, se trazia na época dificuldades na relação com as gravadoras e a mídia, posteriormente seria reconhecido como dos criadores de algumas das grandes obras da música brasileira.

O próximo disco de Tom Zé, *Estudando o Samba*, de 1976, é considerado uma das suas obras mais importantes, embora a repercussão imediata tenha sido entre o silêncio e o rechaço. Um dos poucos críticos que entenderam a relevância do disco em primeira hora foi Gilberto Vasconcellos, no seu belíssimo livro *Música Popular: De Olho na Fresta*, publicado no ano seguinte [1977]:

> *Tom Zé incursiona por quase todas as manifestações do samba: a de raiz rural, urbana, através do coro afro das lavadeiras e entrecortado pelo sopro jazzístico (na faixa "Mã", ponto alto do disco); banha-se de malemolência carioca na parceria de Elton Medeiros; e com Perna, em "Menina Amanhã de Manhã", se vale da modernidade poética com o afunilar progressivo do texto na canção. Não falta inclusive a experiência do samba com ruído, esse recurso típico da música contemporânea erudita, que acaba por deixa perplexo*

o ouvido distraído, acostumado com o musak. Sua inventiva interpretação de "Felicidade" (Jobim e Vinicius), permeada de pausas e silêncios, atinge uma densidade incrível no final, ao introduzir subitamente surdo e tamborim para marcar o compasso, monótono e incômodo, do "tristeza não tem fim..."

Do ponto de vista temático, o elepê de Tom Zé ostenta um traço que não se encontra nos seus trabalhos anteriores: certa complacência pelo patético, que neutraliza — ao lado de alguns abstratos lances filosofantes — a ironia ou o deboche que o acompanhava desde o início de seu percurso artístico. Isso é curioso num compositor que, desde a Bossa Nova até a Tropicália, dialoga com a modernidade na forma de ironia ou de parodia.

O lançamento deste disco encerra um significado crítico e providencial. Independente da intenção ou consciência de seu autor, ele acaba por trazer à tona a questão do destino do samba, isto é, ele instiga a reflexão sobre a função cultural que desempenha o samba no atual momento da MPB.

O susto de Vasconcellos, ao ver uma obra reflexiva, um "estudo", no lugar da exaltação kitsch que tomava os sambas de então, mostra novamente a potência propositiva da obra de Tom Zé. Ao desconstruir e derivar as diversas formas de samba, Tom Zé se direciona ao novo, à abertura de possibilidades. Ao trabalhar "na tangente dos defeitos, na tangente das imperfeições", como afirma Luiz Tatit, Tom Zé chega ao cerne da sua busca criativa, que pode ser exemplificada pelos versos da música "Tô", parceria com Elton Medeiros constante no disco, que podem ser vistos quase como uma declaração de princípios:

> *Tô bem de baixo pra poder subir / Tô bem de cima pra poder cair / Tô dividindo pra poder sobrar / Desperdiçando pra poder faltar / Devagarinho pra poder caber / Bem de leve pra não perdoar / Tô estudando pra saber ignorar / Eu tô aqui comendo para vomitar / Tô te explicando / Prá te confundir / Tô te confundindo / Pra te esclarecer / Tô iluminando / Pra poder cegar / Tô ficando cego / Pra poder guiar / Devagarinho pra poder rasgar / Olho fechado pra te ver melhor / Com alegria pra poder chorar / Desesperado pra ter paciência / Carinhoso pra poder ferir / Lentamente pra não atrasar / Atrás da vida pra poder morrer / Eu tô me despedindo pra poder voltar.*

Se, naquela segunda metade dos anos 1970, a obra de Tom Zé estava atingindo o seu ápice criativo, ele se sentia cada vez mais isolado. A sua música atingia cada vez menos público, mesmo entre os ouvintes mais sofisticados. A relação com o seu público principal, os estudantes universitários, estava se tornando cada vez mais conturbada. A reação de Tom Zé a isso era ambígua: se ressentia ao mesmo tempo que celebrava, percebendo que era uma consequência natural do desenvolvimento do seu trabalho, cada vez mais aberto e complexo. E, de forma coerente, começou a abrir as suas próprias apresentações para debate. Em entrevista para o jornal *Migrante*, em 1978, Tom Zé afirmou: "Sou o filho e o excomungado da classe universitária":

No tempo do Centro Popular de Cultura, a gente achava que sabia o que era bom para o povo. Antes de tudo, é preciso se lembrar que Hitler também pensou assim. A gente pensou que ia refazer a música do povo e isso é muito difícil. Esse negócio de saber o certo é muito perigoso. Eu procuro alimentar a cabeça das pessoas, dando pistas para que elas pensem e criem suas definições a respeito das coisas que mostro. Eu sou um mostrador, um apresentador de fatos que estão confundidos. Antigamente eu mostrava o meu trabalho como um discurso. Hoje eu dou pistas para que as pessoas traduzam. Eu respeito muito quem me ouve e admito que as pessoas tirem suas conclusões sobre os fatos que eu mostro. Aí eu sou o filho e o excomungado. Eu também estou contra os meus patrões e a classe universitária é a minha patroa.

A minha discussão com a classe universitária começou em 1972 e há dois anos atrás eu comecei, após o meu show, a discutir com as pessoas interessadas. Muitos artistas se aproveitam da palavra fácil. Faz-se aquela festa, fica contente, vai pra casa e esquece tudo. Para mim, um show que acaba bem eu acho que é um fracasso. O bom é sentir alguém arregalar os olhos durante uma música. Eu resolvo as questões até certo ponto e deixo para as pessoas o resto. Elas chegam e dizem: "puxa, eu pensei nisso e tal", coisas que eu absolutamente não havia pensado.

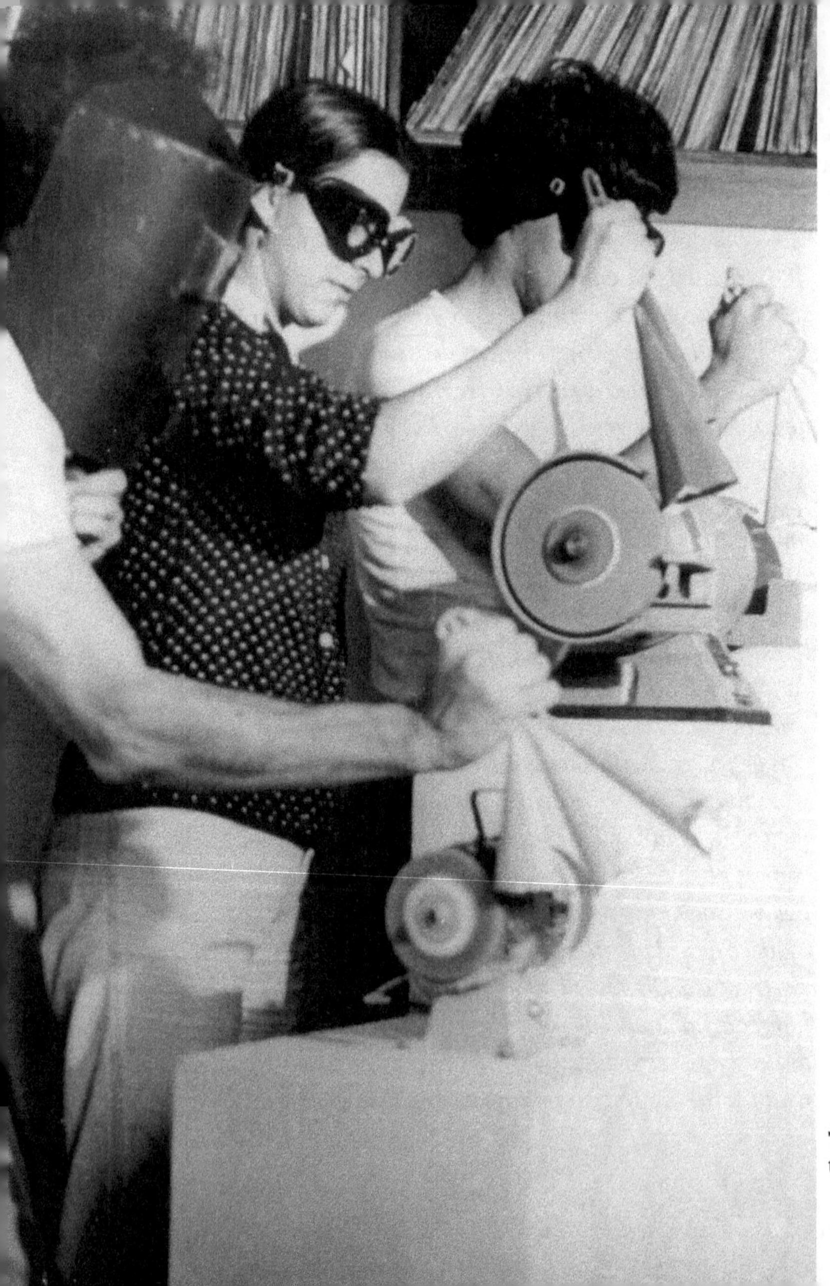

**Tom Zé e parceiros
tocando Esmeril, 1978.**

Naquele mesmo ano, lança seu novo disco, *Correio da Estação do Brás*. Mergulhado em pesquisas de novas sonoridades, livre da sintaxe tradicional da música popular, anuncia na época que esse seria seu último disco de canções. Nos shows de lançamento, apresenta ao público os instrumentos musicais que estava criando a partir de eletrodomésticos e outros aparelhos eletrônicos. Em matéria da época, o jornalista Nei Duclós explica os novos experimentos [2011b]:

> *Há uma surpresa para o público nos shows que Tom Zé vai apresentar de hoje até domingo na Fundação Getúlio Vargas. Nos dez minutos finais, depois das músicas do seu novo LP — Correio da Estação do Brás — Tom Zé e seu grupo vão começar a fazer loucuras, como ligar enceradeiras, passar serrote em cano, ou destruir agogôs num esmeril.*
>
> *O palco vai soltar faíscas nesse momento — tão perigosas que vão obrigar os músicos a usarem óculos de proteção. O público que se cuide: nessa hora — tão suscetível a choques elétricos e a conclusões apressadas — a música mudará de rumo. Enquanto os novos instrumentos — inventados pelo próprio grupo depois de um mês de trabalho — fazem a percussão, as vozes e outros recursos tradicionais, como o bumbo e o violão, serão acompanhados por flashes ritmados de sons conhecidos, como frases de jingles, trechos de música clássica ou uma mixagem de metais.*

Se, no seu disco anterior, Tom Zé começou um processo de desconstrução da sintaxe musical através do samba, agora aprofundava para uma ruptura total de linguagem. Mais do que um novo caminho, os experimentos com instrumentos inusitados foi um aprofundamento da investigação sonora de Tom Zé, como bem colocou José Miguel Wisnik, em texto de 1985 [2011b]:

> Há alguns anos Tom Zé vinha fazendo um trabalho musical genial, que infelizmente não foi documentado. Ele construiu um "órgão de eletrodomésticos" (um teclado elétrico que acionava enceradeiras, liquidificadores, geladeiras, batedeiras e centrifugadoras, ao mesmo tempo que fragmentos da Missa Luba e de sinfonias orquestrais). Tom Zé compôs para esse conjunto como uma espécie de Satie do sertão: humor dadaísta, canção popular, majestosa música concreta ao som de agogôs tocados por furadeiras. As gravadoras não digeriram essa massa musical extremamente atraente. Literalmente: o diretor comercial de uma delas sentiu-se mal e devolveu o almoço depois de ouvir a fita.
>
> Esgotados os recursos para manter de pé essa parafernália cara, Tom Zé teve que desmontar a aparelhagem. Foi uma pena, porque seria a melhor continuação para quem fez o pouco ouvido e excepcional disco de 1976. Estudando o Samba é uma leitura quase minimalista das células rítmicas, entoativas e timbrísticas dos vários tipos de samba, feitas com a maior inspiração e pique lírico-irônico.

Embora a performance musical de Tom Zé estivesse cada vez mais complexa, ele não via essa proposta estética voltada para as elites:

> *Enquanto integrador de materiais e sonoridades novas, este projeto pode ter o sentido de experimentalidade, mas não é encaminhado às elites. Desejamos fazer uma música tão operária como fomos nós os próprios marceneiros, os carregadores, os desenhistas, os inventores dos instrumentos.*

A semente jogada por Tom Zé durante esse período de forte ebulição criativa só traria resultados palpáveis anos mais tarde. A década de 1980 foi extremamente penosa para ele. As suas apresentações escassearam e ele conseguiu lançar apenas um disco de estúdio, *Nave Maria*, em 1984. Era, novamente, um disco diferente dos anteriores. Trazia uma sonoridade mais robusta, marcada por riffs cromáticos e onomatopeias ("passei um tempo fazendo música para os cabeças, agora faço música para os corpos", declararia na época) e uma unidade temática maior, em torno do nascimento — "Quando eu cheguei das estrelas / Entrei na terra / Através de uma caverna / Chamada nascer" — do mamar — "Oh! Mamãe / Eu quero mamar no mundo" — e da primeira infância. Ao mesmo tempo, é um disco mais desigual, embora traga grandes momentos, como a canção título, que foi escolhida 30 anos depois como uma das 200 músicas mais importantes dos anos 1980 pela conceituada revista *Pitchfork*.

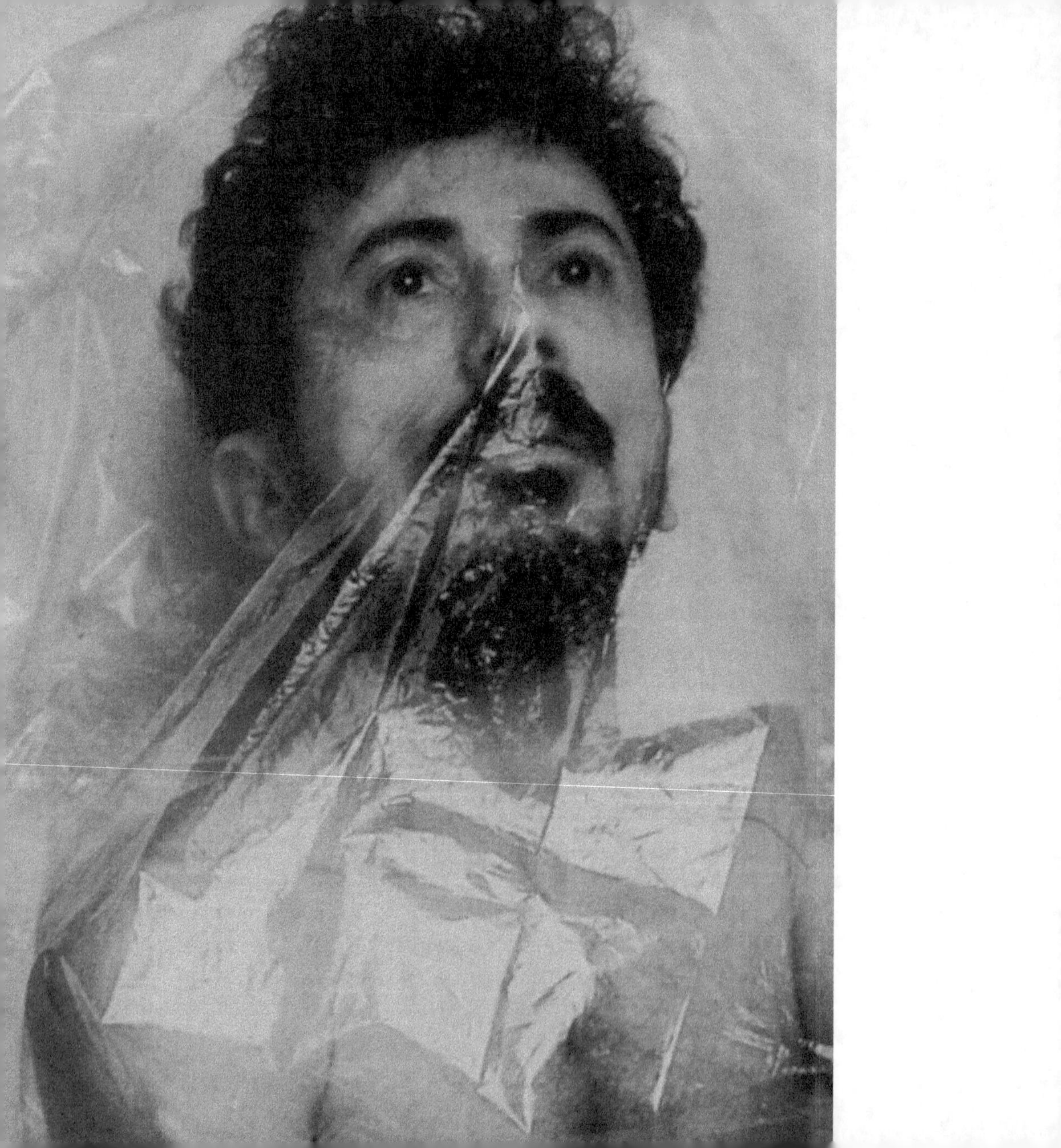

Os anos seguintes ao disco foram ainda piores — sem conseguir mais viver de sua arte, Tom Zé decidiu que voltaria para Irará, onde tomaria conta do posto de gasolina de um sobrinho. Aqueles foram os anos em que a indústria cultural brasileira estava se profissionalizando definitivamente, voltada para produtos lucrativos e para a disputa de mercado. Havia cada vez menos espaço para corpos estranhos e insubmissos e Tom Zé não foi o único da sua geração a se encontrar à beira do ostracismo.

Foi quando ocorreu o que Tom Zé já denominou de "renascimento": em visita ao Brasil, David Byrne, cantor da banda de pós-punk novaiorquina Talking Heads, encontrou num sebo de discos um exemplar de *Estudando o Samba*. O espanto frente ao disco daquele cantor de quem nunca tinha ouvido falar fez com que fosse atrás do autor daquelas músicas. Em consequência, lançou dois discos pelo seu selo Luaka Bop, que foram fundamentais tanto para o recomeço da carreira de Tom Zé quanto para a difusão da sua música em países estrangeiros: *The Best Of*, uma compilação que inclui canções de *Estudando o Samba*, *Correio da Estação do Brás* e *Nave Maria*, em 1990, e *Hips of Tradition*, um disco de canções inéditas lançado em 1992.

Na contracapa da antologia, David Byrne conta seu encontro com a obra de Tom Zé e faz uma análise de sua música que, para além de ser uma leitura perspicaz da obra, é também um importante documento para se compreender o interesse internacional que cerca a trajetória de Tom Zé desde então:

A música de Tom Zé é diferente de qualquer outra música brasileira que eu tenha ouvido. Ele não é um grande astro. Apareceu para o público primeiramente ao lado de Caetano Veloso, Gilberto Gil e outros artistas baianos. Eram todos parte do movimento tropicalista, uma renascença criativa que uniu cinema, teatro e literatura e durou entre a metade e o fim dos anos 1960. O reconhecimento popular não chegou a Tom Zé, provavelmente porque ele seguiu implacavelmente forçando e expandindo as fronteiras da canção popular de formas únicas e inesperadas. Formas que nos surpreendem e deliciam ainda hoje.

A primeira vez que eu deparei com um dos seus discos foi numa loja no Rio de Janeiro, enquanto olhava álbuns aleatoriamente em 1986. Eu não ouvi o disco até voltar para Nova York. Fiquei chocado. Aquilo soava como música de vanguarda do sul de Manhattan, mas com um lirismo brasileiro. Eu toquei algumas faixas para Arto Lindsay e perguntei para ele: "Ei, quem é esse cara que está fazendo essa coisa maravilhosa? Ouça isso!" Arto, tendo crescido no nordeste do Brasil, conhecia o sr. Tom Zé e me deu um pouco de informação histórica.

Como os outros tropicalistas, Tom Zé nos delicia com o que os brasileiros chamam de antropofagia: a devoração da cultura europeia e norte-americana que chega pelos grandes canais, e a transformação e regurgito dela, após a combinação com elementos locais (principalmente afrobrasileiros). Essa antropofagia é uma fusão e colisão criativa que reflete os conflitos econômicos e culturais que continuam endêmicos no cotidiano brasileiro. Pessoas vendo novelas na TV em florestas que no ano anterior nem ao menos tinham eletricidade. Avenidas modernas passando ao lado de favelas. Híbridos musicais que combinam ritmos afrobrasileiros e guitarras elétricas. Uma sensibilidade e um lirismo europeu em combinação com os ritmos de samba de morro do Rio de Janeiro.

No começou dos anos 1960, a ultra-moderna capital de Brasília surgiu no meio do nada — um símbolo do otimismo febril daqueles tempos. Um otimismo que permitiu também o aparecimento da poesia concreta. Um otimismo que esperava que a industrialização e o boom econômico rapidamente tirariam o país do subdesenvolvimento. Uma esperança ingênua encerrada pela ditadura militar (e seus extremos de censura e tortura) que durou 20 anos, até 1984.

Nós vemos coisas semelhantes acontecendo em todo mundo. Em todo lugar é semelhante, encontros culturais como aqueles que Tom Zé pode tão criativamente articular no Brasil. Nós vemos isso acontecendo nas influências caribenhas nas cidades do leste norte-americano, nas influências mexicanas e asiáticas na California, nas influências africanas em Londres e Paris, as influências turcas na Alemanha. E assim vai. Todos estão lidando com a mesma recombinação de identidades. A obra de Tom Zé se encaixa em todos eles.

Tom Zé continua a se alimentar dos conflitos do cotidiano brasileiro. Sua música reflete uma apurada compreensão

Show no Sesc Pompeia-SP, 1996

do que está acontecendo. Você pode ouvi-la sem entender as letras. Letras que são maravilhosas, mas que são, em alguns casos, sílabas sem sentido, como se nem mesmo ele pudesse encontrar palavras para articular os frenéticos estímulos que entram pelas janelas de seu apartamento em São Paulo. Tom Zé é um homem do nordeste miserável vivendo numa cidade grande, a observando com olhos e ouvidos de um poeta. Para dentro e para fora, ao mesmo tempo. Tom Zé faz música que nos dá esperança. Música que encontra beleza em lugares estranhos.

A repercussão da descoberta de Tom Zé pelo público estrangeiro foi imediata. Naquela virada de década, artistas e grupos que tinham ficado fora de alcance ao grande público no Brasil, exatamente pela sua singularidade e originalidade, como Tom Zé e Os Mutantes, começaram a conquistar amplo reconhecimento internacional. O que possibilitou não apenas o relançamento de seus discos históricos, mas também a gravação de novos discos. No caso específico de Tom Zé, a retomada da carreira musical o encontra em um momento de maturidade do seu projeto criativo, sem jamais perder a inquietação. Os discos novos que realizou a partir de então, unindo regravações de algumas de suas canções anteriores com novas composições, estão entre os melhores de sua carreira. E trazem não apenas a consolidação de algumas das suas proposições mais radicais como novos espaços de pesquisa de linguagem.

O primeiro destes álbuns, *Hips of Tradition*, é ainda um disco de canções, sem trazer as inovações conceituais dos três álbuns seguintes, *Com Defeito de Fabricação*, *Jogos de Armar* e *Danc-Eh-Sá*. Antes de tudo, é um trabalho que mostra, a partir de uma produção impecável, a maturação dos procedimentos composicionais de Tom Zé, com sua transposição de instrumentos melódicos a rítmicos [2011b]:

> *Estou sempre querendo repetir a "fonte da nação". Aquelas lavadeiras, o sol claro, o colorido das roupas estendidas, o canto fanhoso. Mas o rio corre e suas águas nunca voltam ao mesmo lugar. Toda vez que faço uma tentativa a lua é outra, o verão desinvernou. Tem sempre acordes diferentes para resolver. Quero repetir, mas erro. A minha técnica de composição é também sempre a mesma: o baixo e a guitarra retroagindo na sua história de instrumentos, como se, ainda canhestros, só pudessem fazer percussão — e não a melodia e harmonia como podem fazer hoje. Assim, voltam atrás e passam para o naipe percussivo, a cozinha. Depois começo com os cavaquinhos, na região bem aguda, fazendo um rigoroso contraponto rítmico com esse ostinato do baixo e da guitarra. Só então tento cantar.*

A ideia oswaldiana da "contribuição milionária de todos os erros", cada mais presente na obra de Tom Zé, é o mote de seu álbum seguinte, *Com Defeito de Fabricação*, de 1998. É um disco com maior unidade conceitual, onde as faixas são denominadas como 14 "defeitos", que passam pela curiosidade, pela insubordinação de linguagem e pela criação, como defende no texto do encarte:

> *O Terceiro Mundo tem uma crescente população. A maioria se transforma em uma espécie de "androides", quase sempre analfabetos e com escassa especialização para o trabalho. Isso acontece aqui nas favelas do Rio, São Paulo e do Nordeste do país. E em toda a periferia da civilização.*
>
> *Esses androides são mais baratos que o robô operário fabricado em Alemanha e Japão. Mas revelam alguns "defeitos" inatos, como criar, pensar, dançar, sonhar; são defeitos muito perigosos para o Patrão Primeiro Mundo.*
>
> *Aos olhos dele, nós, quando praticamos essas coisas por aqui, somos "androides" COM DEFEITO DE FABRICAÇÃO.*
>
> *Pensar sempre será uma afronta.*
>
> *Ter ideias, compor, por exemplo, é ousar. No umbral da História, o projeto de juntar fibras vegetais e criar a arte de tecer foi uma grande ousadia. Pensar sempre será.*

Com Defeito de Fabricação, para além da explicitação do procedimento do "erro" na obra de Tom Zé, traz com mais clareza outro elemento que acompanhou toda a sua trajetória: a quebra da autoria. É claro que a sátira, a paródia, forma principal de sua obra nos primeiros anos, já é um modo de subversão da autoria. Mas, com o tempo, essa prática vai se transformando, com o crescimento da sua atenção para os elementos semióticos da linguagem, até atingir a apropriação. O que ele chamaria, no mesmo encarte, de "estética do plágio" ou "estética do arrastão", em referência à técnica de roubo coletivo que estava nas manchetes dos jornais da época — nas praias cariocas, grupos de jovens corre através da multidão aglomerada num dia de sol e rouba tudo o que consegue:

> *A Estética de* Com Defeito de Fabricação *reutiliza a sinfonia cotidiana do lixo civilizado, orquestrada por instrumentos convencionais ou não: brinquedos, carros, apitos, serras, orquestra de Hertz, ruído das ruas, etc. , junto com um alfabeto sonoro de emoções contidas nas canções e símbolos musicais que marcaram cada passo da nossa vida afetiva. A forma é dançável, rítmica, quase sempre A-B-A. Com coros, refrões e dentro dos parâmetros da música popular.*
>
> *O aproveitamento desse alfabeto se dá em pequenas "células", citações e plágios. Também pelo esgotamento das combinações com os sete graus da escala diatônica (mesmo acrescentando alterações e tons vizinhos) esta prática desencadeia sobre o universo da música tradicional uma estética do plágio, uma estética do arrastão.*
>
> *Podemos concluir, portanto, que terminou a era do compositor, a era autoral, inaugurando-se a Era do Plagicombinador, processando-se uma entropia acelerada.*

Tom Zé se apresentando, anos 2000.

Segundo Tom Zé, essa compreensão do esgotamento da autoria, que estaria sendo substituída por uma nova forma de criação, a recombinação, se encontra presente em sua pesquisa formal desde meados dos anos 1980 e se aproxima da sua pesquisa de invenção de instrumentos, com a "Orquestra de Herz/Hertzé", que ele denominou um "sampler pré-sampler" [2011b]:

> *Quando, em 1985, Rogério Duprat traduziu* De Segunda a Um Ano, *de John Cage, li o livro e logo no começo existia uma frase de Buckminster Fuller, o arquiteto do prédio sem alicerces: "Não é tempo da posse, é tempo do uso". Isso me tirou do chão durante dois ou três anos, e depois de várias especulações acabei fazendo uma espécie de sampler que foi anterior ao sampler eletrônico da indústria de instrumentos e produz um efeito completamente diferente do sampler convencional, uma recombinação.*

E reforça, traçando os limites de variação dentro da linguagem musical tradicional [2011b]:

> *Quando falo em copiar estou me referindo ao problema das sete notas da escala diatônica estarem com as combinações esgotadas. Alguém pode me dizer que há também os tons vizinhos e as modulações. Respondo: mesmo assim, desde antes do tempo em que Pitágoras, batendo numa corda, observou que ela soava inteira e soava também pela metade uma oitava*

*acima, depois uma quinta acima, o povo já cantava na escala
diatônica — da mesma maneira que o japonês canta na escala
diferente dele. Qualquer matemático faz as contas e vê que as
coisas já estão se repetindo. Estou me referindo a Bach pegar
uma peça de Vivaldi, mudar de tonalidade e assinar seu nome.
Me refiro ao século XVIII, quando a palavra autor derivou de
autoridade, porque melhor compunha o minueto quem o fazia
de forma mais aproximada daquele que era o padrão.*

No disco seguinte, *Jogos de Armar — Faça Você Mesmo*, de
2000, Tom Zé amplia o escopo da sua pesquisa com autoria
aberta: se, antes, o caso era a apropriação de elementos alheios,
agora, com coerência e generosidade, a proposta é a abertura
das suas criações para livre uso de terceiros, desde que fora de
contexto comercial. É uma proposição que entra na vanguarda
do pensamento em torno dos direitos comuns dos bens culturais, os *creative commons*, um debate que estava se fortalecendo
na época, a partir das novas tecnologias e da difusão das redes
digitais de comunicação.

Jogos de Armar traz dois CDs. Um deles, com versões fina-
lizadas das músicas do disco, realizadas com instrumentos tra-
dicionais e também com os instrumentos inventados por Tom
Zé (os "instromzémentos"), como o enceroscópio (fabricado com
enceradeiras, aspiradores de pó, liquidificadores), a serroteria (um
dispositivo de canos de madeira, PVC e outros materiais), o buzinório (um conjunto de buzinas manejadas num teclado) e as canetas

Lazzari (pequeno instrumento formado por esferográficas). Assim, o disco retoma as experiências realizadas no fim dos anos 1970.

Praticamente todas as músicas trazem, como subtítulo, referências a músicos brasileiros cujos trabalhos serviram de referência para a composição, criando um diálogo de diferentes camadas: "Arrastão de Edu Lobo", "Arrastão de Ari Barroso", "Arrastão de Jackson do Pandeiro e Gordurinha", etc.

O outro CD, *Cartilha de Parceiros* (que, embora traga o subtítulo de "CD auxiliar" é, segundo Carlos Rennó, o "principal"), traz módulos de bases instrumentais do disco, para livre recombinação do público. Segundo o texto do disco, provocativamente intitulado "Música do Século Passado":

> *Em 17 de maio de 1978 esses instrumentos, ideias e canções subiram ao palco da GV — Teatro da Fundação Getúlio Vargas — S. Paulo. Lá, o embrião de células musicais que podem ser manejadas, remontadas: um tipo de canção-módulo, aberta a inúmeras versões, receptiva à interferência de amadores ou profissionais, proporcionando jogos de armar nos quais qualquer interessado possa fazer por si mesmo:*
>
> *a. uma nova versão da música, pela remontagem de suas unidades constituintes;*
>
> *b. aproveitamento de partes do arranjo que foram abandonadas;*
>
> *c. reaproveitamento de trechos de letra não usados nas canções, para completá-las ou refazê-las;*

$f(x) = \dfrac{x-2}{x+2}$
$f(x) = x\sqrt{5-x^2}$
$f(x) = (x+2)^2(x-1)^2$
$f(x) = 2 - (x-1)^{1/3}$
$f(x)$
ROYAL
10

d. construção de composições inteiramente novas, com células recolhidas à vontade, de qualquer das canções do disco-mãe.

Acompanha o cedê auxiliar (não é um cedê duplo!), Cartilha de Parceiros.

Neste, cada célula ou entrecho é apresentado separadamente, para permitir reelaborações e remontagens.

A obra de Tom Zé é cíclica, retornando sempre para questões que acompanham o autor de forma quase obsessiva. É o caso do plágio, ou da autoria aberta, que embora tome forma mais clara apenas nestes dois últimos discos, já estava presente na sua música desde o começo da década de 1970, como ele relembra [2011b]:

Eu venci o Festival de 1971 com "O Silêncio de Nós Dois". No dia seguinte eu li no jornal, numa carta do leitor: "A música do Tom Zé é plágio do Garcia Lorca na página cento e tal..." Menino, foi uma loucura, corremos para a biblioteca, pegamos o livro do Garcia Lorca, fomos na página cento e tal e não tinha nada a ver, né? Mas eu fiquei pensando que fazer uma música que fosse toda de plágios seria uma ideia interessante. E decidi fazer e inscrever no festival seguinte. No fim, ganhou o festival também. O primeiro plágio é a harmonia, que é do "Estudo nº 2" de Chopin. Que aliás já é uma harmonia muito conhecida da música popular, só que com uma batida um pouquinho diferente, de Bossa Nova, em "Insensatez", do Tom Jobim e

*Vinicius de Moraes. A forma eu plagiei de Antônio Carlos &
Jocafi, que naquele tempo ditavam as regras do mercado. O
esquema deles era mais ou menos o seguinte: uma língua portuguesa mais ou menos confusa, uma sintaxe mais ou menos
obscura da língua portuguesa, para fazer uma metáfora com
luz de boate, e que tinha que falar em dor de cotovelo, porque
senão não valia. E não precisava dizer nada, bastava ter as
palavras "amor", "dor"... A letra tem citações ou inversões de
Nelson Gonçalves, Caetano Veloso, Ari Barroso, Lupicínio
Rodrigues... E daí eu fiz "Se o Caso é Chorar". É tudo música
dos outros e foi um dos meus maiores sucessos.*

Danc-Eh-Sá, lançado em 2008, de certa forma completa uma
trilogia, onde se realiza a pesquisa estética de Tom Zé, de desafiar
os códigos da música em nome de uma nova forma de composição, buscando unir o avanço tecnológico com uma revolução
estética. Se, em *Com Defeito de Fabricação*, há o uso do plágio
como quebra autoral, e em *Jogos de Armar* há a utilização de
sonoridades e instrumentos fora da tradição musical, em *Danc-
-Eh-Sá* há a quebra total da base cancional, para a elaboração do
que Tom Zé chama de anti-canção. Voz, instrumentos e ruídos
se sobrepõem em camadas, constituindo um todo estranho ao
universo da canção tal qual conhecemos. Não há letra acompa-
nhando a bricolagem instrumental. O que não impede que haja,
por trás, um pensamento e até mesmo o que Tom Zé chama de
"um discurso sonoro" [2011b]:

O meu ímpeto é o de descrever um sentimento de responsabilidade pelo que está em volta de mim. Não fui educado em palácio com dinheiro de rico. Fui educado com dinheiro do povo, em escola pública. Sinto que tenho uma dívida para com o povo. E daí, li uma pesquisa da MTV que dizia que o jovem brasileiro, em sua maioria, tinha se tornado "hedonista, egoísta, descrente em projetos coletivos". Aquilo me virou a cabeça, me atormentou. Pensei: canto para jovens, eles me procuram. Não posso abandonar essa parte da juventude que tomou um caminho inesperado. Por isso, Danc-Eh-Sá é, principalmente, um panfleto musical que tenta mostrar à juventude, com um discurso sonoro, como foi que se formou a música brasileira que eles ouvem hoje, a partir da saga dos negros e dos índios brasileiros, cujo sangue depurou a arte e a religião das três Américas.

Tom Zé partiu de uma entrevista de Chico Buarque, em 2004, onde ele reflete sobre a emergência do rap como possível fim do principal gênero musical do século XX, a canção — e que, portanto, ia ao encontro de suas próprias preocupações sobre o tema — para fazer um disco que busca transcender esse esgotamento cancional em algo novo. Segundo Chico [2004],

A minha geração, que fez aquelas canções todas, com o tempo só aprimorou a qualidade da sua música. Mas o interesse hoje por isso parece pequeno. Por melhor que seja, por mais

aperfeiçoada que seja, parece que não acrescenta grande coisa ao que já foi feito. E há quem sustente isso: como a ópera, a música lírica, foi um fenômeno do século XIX, talvez a canção, tal como a conhecemos, seja um fenômeno do século XX. No Brasil, isso é nítido. Noel Rosa formatou essa música nos anos 1930. Ela vigora até os anos 1950 e aí vem a Bossa Nova, que remodela tudo — e pronto. Se você reparar, a própria Bossa Nova, o quanto é popular ainda hoje, travestida, disfarçada, transformada em drum'n'bass. Essa tendência de compilar e reciclar os antigos compositores de certa forma abafa o pessoal novo. Se as pessoas não querem ouvir as músicas novas dos velhos compositores, por que vão querer ouvir as músicas novas dos novos compositores? Quando você vê um fenômeno como o rap, isso é de certa forma uma negação da canção tal como a conhecemos. Talvez seja o sinal mais evidente de que a canção já foi, passou. Estou dizendo tudo isso e pensando ao mesmo tempo que talvez seja uma certa defesa diante do desafio de continuar a compor. Tenho muitas dúvidas a respeito. Às vezes acordo com a tendência de acreditar nisso, outras não.

Seguindo esse mote, o disco de Tom Zé tem o subtítulo de "Dança dos herdeiros do sacrifício, sete caymmianas para o fim da canção". É, novamente, uma retomada de projeto, já que em 1978, no processo de invenção de instrumentos, Tom Zé já anunciava que *Correio da Estação do Brás* seria seu "último disco de canções". E também, a realização e conclusão de uma pesquisa que o acompanhou por mais de três décadas.

Naquele momento, Tom Zé estava completando 70 anos. Para qualquer outro artista e pensador, ver um projeto de tanto tempo tomar forma naquela altura da vida poderia fazer com que o ímpeto criativo se interrompesse. Mas não foi o caso. Primeiro, por motivos práticos: "o meu trabalho não tem aposentadoria", como gosta de lembrar. A obrigação de se manter em movimento para sobreviver vira combustível para novas criações. E segundo pela ininterrupta curiosidade que o acompanha, e que passa pela incrível jovialidade que permite com que ele, mesmo hoje, com mais de 80 anos de idade, siga se apresentando em público. Apresentações que servem não apenas como fonte de renda, mas também como forma de realizar plenamente seu projeto estético, que sempre possuiu um forte elemento performático [2011b]:

> *Eu sou um jovem embalsamado, porque a cada dia o meu público diminui de idade enquanto envelheço na carteira de identidade. E eu também gosto de pular e fazer coisas sapecas. Eu quero palco! Para poder fazer aquela superposição de camadas com que eu tento trabalhar, eu preciso do palco, porque no disco não é possível fazer tudo.*

Entre 2005 e 2012, Tom Zé realizou três álbuns reflexivos sobre manifestações da música brasileira, repetindo a estrutura de *Estudando o Samba* na criação do que poderia ser chamado

Tom Zé se apresentando junto com
a banda Tortoise, anos 2000.

de ensaio sonoro: *Estudando o Pagode* (2005), *Estudando a Bossa* (2008) e *Tropicália Lixo Lógico* (2012). Este último lida com mais proximidade da sua própria trajetória, fazendo uma releitura crítica do movimento tropicalista e da sua própria presença nele. O texto de encarte já mostra que a intenção do disco é da ampliação de um entendimento da complexidade de influências e diálogos que possibilitaram a Tropicália:

> *Atribui-se ao rock internacional e a Oswald de Andrade o surgimento da Tropicália. Não é exato. Some-se Hélio Oiticica, Rita Lee, José Agripino de Paula, o teatro de Zé Celso Martinez Corrêa, etc. Eis a constelação que cria um gatilho disparador e provoca em Caetano e Gil o vazamento do lixo lógico do hipotálamo para o córtex. O poderoso insumo do lixo lógico, esse sim, fez a Tropicália. De 0 a 2 anos, a placa mental está virgem e faminta. Nunca mais, durante toda a vida, o ser humano aprenderá com tal intensidade. Aí reside a força do aprendizado na creche tropical. Só a partir da escola primária, que para nós começava aos 6 ou 7, tem início o contato com a organização do pensamento ocidental promovida por Aristóteles — um choque delicioso –, cuja comparação com a creche desencadeia o lixo lógico. O Monte Hélicon teve muito trabalho, como sempre.*

Caetano, na época do lançamento, fez um forte elogio ao disco, ao mesmo tempo que realizava uma autocrítica em relação ao período de ostracismo do colega tropicalista [2012]:

Tropicália, Lixo Lógico *é o melhor disco de Tom Zé desde
que ele renasceu artisticamente, convidado a sair do esconde-
rijo para onde nós o empurráramos nada menos do que por
David Byrne, o mais elegante de todos os roqueiros. Os discos
que Tom Zé fez desde então confirmam a impressão provocada
no americano. Mas neste* Lixo Lógico *temos mais concentrado
do que nos outros o efeito cômico-sério extraído da abordagem
simultaneamente eruditíssima e pop que ele consegue, de que a
análise espetacular de "Tô ficando atoladinha" é um exemplo
perfeito. Referindo-se a seu disco* Danç-Eh-Sá *(e também aos
círculos concêntricos de influência da Bossa Nova), Tom Zé
demonstra por que "tô ficando atoladinha" é um "metarrefrão
microtonal e polissemiótico".*

Como ali, na tese do Lixo Lógico *surge a informação séria
que se sabe cômica em seu deslocamento. Como pedir cachaça
no avião (em 1968: hoje, cachaça, confirmando o profeta Tom
Zé, é assunto de presidente dos Estados Unidos). E o tom com
que os aspectos sensatos e os aspectos histriônicos são alterna-
da ou concomitantemente revelados é a força artística de Tom
Zé. Aqui mostrando-se rica como nunca, nas menções meio
ocultas a nomes, timbres e cadências da época. E de agora.
Talvez a intensidade com que isso acontece se deva ao tema
ser a Tropicália. Diferentemente da Bossa Nova, a Tropicália
é coisa de Tom Zé. Não só ele fez parte do movimento: ele
realizou as obras mais ambiciosas no sentido de caracterizá-lo.
É como se Gil, eu, Sérgio Dias e Rita Lee tivéssemos cada um*

*partido para algo livre do projeto inicial: Tom Zé ficou com
as questões centrais. E a biografia da Tropicália que ele apresenta nessa nova obra tem muito de autobiografia. Em Santo
Amaro, eu vivia na periferia do Rio de Janeiro. Santo Amaro
era urbana até a medula. Essa versão radical da Tropicália
como o choque entre uma mente pré-aristotélica e a terceira
revolução industrial é fascinante. Não me ocorreria tal versão.
Mas a Tropicália fica belíssima assim tratada nas canções,
sons e intenções do disco de Tom Zé.*

Caetano toca num ponto central: a irreverência e o humor de
Tom Zé, que o acompanha desde as primeiras composições em
Irará, e que serve de instrumento para o seu pensamento e para
a sua intervenção estética e política no mundo. Um humor que
é também marcado por um deslocamento. Aqui, de referenciais.
Mas há em seu texto duas questões que são centrais para a compreensão da recepção da arte e da trajetória de Tom Zé, e que
precisam ser vistas com calma para evitar riscos interpretativos.

A primeira delas é exatamente o humor, a irreverência. Se este
é um ponto constituinte e uma qualidade da obra de Tom Zé, não
podemos reduzi-la a isso, nem ao menos colocá-la em posição
central, com o perigo de cairmos no caricatural. Um caricatural
que o próprio autor algumas vezes resvala, em sua intervenção
pública marcada pela influência dos vendedores de praça de sua
infância, com a sedução rápida do humor. É o caso citado por
Caetano, quando Tom Zé faz um brilhante análise de um refrão do

funk carioca num programa televisivo de entrevista, arrancando gargalhadas do público.

Tom Zé possui, antes de tudo e de forma crescente em sua carreira, um projeto consistente e consequente de repensar o papel da canção no mundo, através do entendimento e da subversão da sua forma. Para além de um projeto de destruição, há a ideia de superação do que há de esgotado na forma cancional, abrindo caminho para o novo.

A outra questão gira em torno da autocrítica de Caetano, que coloca em fatores externos a difícil relação de Tom Zé com o mercado e o seu consequente isolamento durante a década de 1980. É evidente que houve uma pouca atenção dos seus companheiros de geração para a sua produção do período em que ele se viu afastado do público e da crítica (décadas de 1970 e 1980) e também para as suas dificuldades pessoais. Mas é preciso atentar que a postura iconoclasta e coerente com que Tom Zé, a partir da metade dos anos 1970, mergulhou em suas pesquisas de linguagem sem concessões às diretrizes de mercado, não permitia uma relação harmônica com gravadoras comerciais. Tom Zé não é um caso isolado. Esse conflito ocorreu com ele da mesma forma como aconteceu com a maioria dos seus contemporâneos que buscaram constituir uma obra pessoal e singular, sem sucumbir às demandas comerciais ou da moda. Especialmente num momento em que, repito, o mercado fonográfico se profissionalizava e reduzia os espaços para qualquer produto estranho e mais difícil.

Tom Zé em show na década de 2010.

Se o próprio Tom Zé, em diversos momentos, mostrou certo ressentimento com o tratamento que recebeu das gravadoras e dos seus pares, vale fazer o exercício de inversão: foi a sua potência criadora e a sua coerência estética os fatores centrais para as dificuldades de inserção no mercado. Essa mesma potência criadora e coerência estética que fez com que ele fosse reconhecido internacionalmente por sua obra.

Tom Zé nunca fugiu da briga. Nem mesmo nos últimos anos, já consolidado. Em 2013, participou de um comercial da Coca-Cola. Quando as pessoas identificaram a sua voz, houve uma imensa mobilização contrária, como se ele estivesse rebaixando a sua arte ao participar de uma publicidade. Sem ao menos saber que Tom Zé havia, nos anos 1970, trabalhado numa agência de propaganda, como ele mesmo relembra:

> No ano de 1977, quando estava no ostracismo, o Mário Chamie conseguiu me empregar na DPZ. Eu passei cerca de oito meses lá, que foram maravilhosos. Eram o Roberto Dualibi, o Francesc Petit, o Zaragoza e também o Washington Olivetto, que era funcionário. Então, cada coisa que um deles me pedia, eu ia pra casa... eu comprei um gravador de quatro canais igual àqueles dos Beatles, e a gente produzia. Eu, o Vicente Barreto, o Serginho Leite, que depois se tornou cômico e era um instrumentista fantástico e arranjador muito bom. A gente fazia os arranjos e muitos jingles saíram da casa dele, ali na Avenida Pompeia, diretamente pra rádio.

Frente à enxurrada de mensagens negativas, ao que então começaria a ser chamado de "linchamento virtual", Tom Zé respondeu com um disco de cinco músicas em torno do tema, entre elas "O Tribunal do Feicebúqui", em referência à rede social. O disco se chamou *Imprensa Cantada*: "Na verdade, eu sempre faço música com o que está em volta de mim. O nome geral desse disco perdeu-se um pouco por isso. É *Imprensa Cantada*. Eu sempre digo que não faço música para o contemplativo, faço música para o cognitivo das pessoas. E acabo sempre fazendo canções sobre o que está em volta de mim".

A resposta irônica, tomando os próprios xingamentos que recebeu como base da letra, resultou numa importante reflexão sobre a violência e o julgamento sumário que cercam as novas formas de comunicação, realizadas de maneira instantânea e sem mediação: "Bruxo, descobrimos seu truque / Defenda-se já / No tribunal do Feicebuqui / A súplica: / Que é que custava morrer de fome / Só pra fazer música?". Segundo Tom Zé:

> Isso é o espírito suicida que eu tenho. Se falam mal de mim eu faço uma canção justamente com essas palavras. O que custa? Tom Zé bundão, Tom Zé mané, Tom Zé baixou o tom. Não custa nada, ainda mais eu que sempre afirmei que me agarrei à música como tábua de salvação no desespero da minha infância. Não sou um inspirado, sou um trabalhador persistente e para mim as coisas são assim.

O conflito acabou instigando Tom Zé a ser ainda mais provocador. Ao fazer 80 anos, em 2016, realizou um disco chamado *Canções Eróticas de Ninar*. No momento de retração da sociedade, com a volta de uma postura conservadora em comportamento e política, que nos seguintes chegaria ao ponto de eleição de um governo fascista ao poder, Tom Zé não temeu em estampar nos jornais: "Eu quero que os conservadores vão tomar no cu!" E fez um disco com uma temática — o sexo — através da sua própria experiência de infância:

> *Aqui, os assuntos do sexo como eram tratados (ou não) na minha infância e juventude.*
>
> *Eu, imitando o oroboro, que começa a comer-se pelo próprio rabo, só agora, aos oitenta anos, encontrei forças para mergulhar na questão, embora ela seja sempre presente, como o ar; tema que envolve curiosidade, brincadeira, ansiedade, segregação, gosto, blasfêmia, oração...*
>
> *Vida e morte. Sendo algumas vezes metáfora desta e (alô, Courbet!) a própria origem daquela.*
>
> *A sabedoria popular, a intuição aguda do mundo folclórico, que, com a Urgência Didática criou uma escola em volta de nós, salvou aquela geração, evitando que chegássemos à idade adulta completamente ignorantes quanto à sexualidade.*
>
> *Sempre sobre aqueles em quem a proibição pesa mais fortemente, aí é que explodem os textos e reações mais veementes. É o caso de* Carmina Burana, *texto que veio de um convento*

na Idade Média. E foi assim que aconteceu a letra de Dedo: eu era criança e escutava as meninas, em outra sala, brincando de fazer rimas eróticas.

Em 2022, Tom Zé lançou um novo disco, Língua Brasileira, criado a partir de um convite do dramaturgo Felipe Hirsch, de fazer um espetáculo tendo como base as suas músicas. Adiado por dois anos por conta da pandemia, o projeto tomou corpo em um disco de grande vitalidade, refletindo sobre a linguagem e as origens de nosso país. Segundo Tom Zé [2022]:

Quando o Felipe Hirsch me disse há dois anos e meio que iria pensar em uma peça com músicas minhas, mandei para ele o disco Estudando a Bossa *(2008), que penso que tem coisas mais sofisticadas, as minhas canções mais bonitas. Dentro de pouco tempo ele me ligou dizendo "Poxa, Tom Zé, descobri uma música sua que é muito próxima dos meus temas de trabalho", que é a canção "Língua Brasileira", que está no disco* Imprensa Cantada. *Felipe trabalha com especialistas muito sofisticados da língua, como Caetano Galindo, Eduardo Navarro e Yeda Pessoa de Castro. A partir daí, a cada novo assunto era um calhamaço de estudos deles, sobre as origens da nossa língua, sobre o que os indígenas pensavam, sobre o que não pensavam, sobre a alma. Eles não tinham nada a ver com catolicismo, com céu nem inferno, mas tinham uma coisa que chamavam de "Terra Sem Mal", que era um lugar em que não precisariam trabalhar e tudo viria para as mãos deles - o que é citado na música que abre o disco, "Hy-Brasil Terra sem Mal".*

O disco foi recebido como uma obra maior de um compositor maduro, como mostra a bela análise de Sérgio Rodrigues [2022b]:

> *Entre uma utopia e outra, a constatação dura e realista de que o Brasil, onde a população "ele carrascos letais", é um país "que até hoje não há". Mas será que não há mesmo? Um desmentido a tanta desolação cívica — que o Brasil bolsonarista tem feito por merecer, aliás — é o próprio* Língua Brasileira, *álbum conceitual brilhante que está entre os melhores trabalhos da carreira de Tom Zé.*
>
> *Aos 85 anos, o artista que mais se manteve fiel aos princípios tropicalistas de experimentação, antropofagia, alegria e humor colhe os frutos artísticos dessa coerência num disco que prova a cada faixa, contracanto, interjeição e gemido que o Brasil há, sim. Se não houvesse, não haveria Tom Zé.*

E é desta forma, entre a infância e o saber, entre o esgotamento e o novo, entre a reflexão e o espanto, que Tom Zé segue criando uma obra maior, capaz de inquietar profundamente interlocutores de diferentes idades, tantos ainda por vir. A sua música, complexa, singular, permanece aberta para novas interpretações, permanece potente, criando um manancial de informação que segue e seguirá novo e renovador. Inquieto, persistente, Tom Zé segue se deslocando e nos deslocando por lugares novos, estranhos, nos confundindo para esclarecer.

REFERÊNCIAS BIBLIOGRÁFICAS:

1977. Vasconcellos, Gilberto. *Música Popular: De Olho na Fresta*. Graal, São Paulo, 1977.
2003. Zé, Tom, *Tropicalista Lenta Luta*, Publifolha, São Paulo, 2003.
2004. Barros e Silva, Fernando. "A canção, o rap, Tom e Cuba, segundo Chico". *Folha de S. Paulo*, 26 de dezembro de 2004.
2008. Cohn, Sergio, Jost, Miguel, *As Entrevistas da Bondinho*, Azougue Editorial, Rio de Janeiro, 2008.
2010. Moraes, Reinaldo. "A Câmera Stalinista: São Paulo, 1972", *Folha de S. Paulo*, 5 de dezembro de 2010.
2011. Mac Cord, Getúlio, *Tropicália — Um Caldeirão Cultural*, Ferreira Editoria, Rio de Janeiro, 2011.
2011b. Pimenta, Heyk, *Tom Zé — Encontros*, Azougue Editorial, Rio de Janeiro, 2011.
2012. Veloso, Caetano. "Lixo Lógico". *O Globo*, 8 de maio de 2012.
2022. Novaes, Tomás. "Meu bairro, Perdizes, é como se fosse Irará", *Veja São Paulo*, 7 de julho de 2022.
2022b. Rodrigues, Sérgio. "Tom Zé faz em *Língua Brasileira* um dos seus melhores discos", *Folha de S. Paulo*, 3 de junho de 2022.

VIDA-OBRA

São Paulo, setembro de 2019

Vamos sim. Eu trouxe aqui algumas coisas para reavivar a memória, se a gente precisar. Esses LPs, por exemplo. É engraçado, porque eu nasci no tempo do compacto simples, não tinha nem LP. Aí apareceu o compacto duplo e depois o LP. Quando me redescobriram nos Estados Unidos e fizeram o meu primeiro disco lá, me enviaram uns exemplares e era um CD. Eu mandei para o povo de Irará e eles disseram: "onde é que a gente vai ouvir isso?" Porque ninguém tinha tocador de CD. Daí, o CD se multiplicou, todo mundo achou que ia matar o LP, vendeu os seus toca-discos. Então, quando começaram a fazer disco grande de novo, eu mandei para lá alguns e eles me perguntaram de novo: "mas onde é que a gente vai ouvir isso?"

*Esses discos são originais
ou reprensagens?*

Esse *Estudando o Samba* é original, de 1976. Ele nasceu assim. Mas eu tenho as novas edições também. Já nem sei o que foi fabricado agora ou na época. *Tropicália Lixo Lógico* eu sei que saiu primeiro em CD e só depois mandaram fabricar assim como LP.

Você ouvia muito LP na juventude?
Ouvia o que estava saindo
lá fora também?

Olha, eu não conheço ninguém de músicos lá de fora. Quando saiu o disco dos Beatles em 1967, 1968, aquele mais falado deles, como é mesmo o nome?

Sgt. Pepper's Lonely Hearts Club Band*?*

Isso! Aí o Caetano disse assim para mim: "Peraí, você não ouve música popular? Então essa aqui você tem que ouvir!" E me trancou no quarto dele. E eu também não falo nenhuma língua. Quer dizer, hoje engano com o inglês, né? Mas naquele tempo eu não falava absolutamente nada de nenhuma língua estrangeira. E aí ele traduziu música por música, me explicou o que é que queria dizer. "Esse disco você não pode deixar de ouvir!" Eu tenho que confessar que eu estava tão interessado em outro tipo de coisa que eu fiquei maravilhado. Eu fiquei muito impressionado, muito grato. Tanto que ainda lembro disso. Caetano ter esse cuidado comigo... Mas, quando eu saí dali, poucos dias depois eu já não lembrava de mais nada. Só agora, no último ano, fui ouvir os Beatles de novo, comprei todos os discos.

Eu também cresci ouvindo a Rádio Nacional. Todos nós daquela época, aliás. Eu nasci em 1936, então na década de 1940 eu era criança e fui educado pela Rádio Nacional do Rio de Janeiro, porque Getúlio Vargas não deixava São Paulo ter emissora de rádio. As emissoras de rádio eram na capital e cochichavam com o interior, conforme eles mesmos diziam. Não passava daquilo, não dava direito. Porque São Paulo era um lugar de muita revolução, criou muito aborrecimento para o Getúlio Vargas. Então eu fui educado pelos times de futebol do Rio de Janeiro, os campeonatos, e pelas músicas da Rádio Nacional, que era uma emissora fantástica. Tinha um grupo de produtores na Rádio Nacional que era de uma sofisticação impressionante. A qualidade dos programas era imensa.

Eu tive uma formação muito boa e muito diversa. A Rádio Nacional, o meu ginásio, que era muito bom, depois a

Universidade da Bahia, com Edgard Santos e Koellreuter, passando pela minha família. Porque é sempre importante compreender que eu venho da Idade Média. Eu sou um viajante do tempo. Eu nasci numa cidade do interior da Bahia, no Recôncavo da Bahia. Irará é uma cidade pobre, pequena. Eu nasci e cresci com ela tendo apenas três mil habitantes. Tinha três mil habitantes em 1840 e três mil habitantes em 1940. Era uma cidade que não crescia.

A primeira lâmpada elétrica que nós vimos lá, que fazia assim, "clic", ela acende, "clic", ela apaga, foi como se fôssemos Deus... Era uma maravilha mágica. Ou a torneira. Uma torneira que abre e cai água? Uma fonte dentro de casa? Cada uma dessas coisas eu vi um dia pela primeira vez: o rádio, a lâmpada elétrica, a água encanada, o motor de explosão, o caminhão, o trem. Eu vim de um mundo não aristotélico, não euclidiano, não gutenberguiano.

E lá em Irará, as famílias não colocavam normalmente os filhos na escola nem na universidade. Acabava o curso primário, que era o que tinha na cidade, e pronto. Uma pessoa estudar era muito caro. Mas meu avô botou tanto os homens da família como as moças na escola no colégio e na universidade. O que era muito raro. Naquele tempo, quando uma moça aprendia a ler, já estava perdida. Já era considerada uma moça perigosa. Imagina as moças indo para Salvador se formar, como foi o caso das minhas tias? Algumas se formaram em farmácia, outras se formaram dentistas. Então a educação era muito valorizada na minha família.

Tem uma coisa muito importante para mim, que foram pessoas que passaram na minha vida e que eu não sei nem o nome. Por exemplo, no balcão da loja do meu pai, onde eu trabalhava, porque toda criança, naquele tempo, era um ajudante da casa ou uma mão de trabalho. Não era um consumidor de brinquedo e televisão. E lá no balcão da loja eu via falar o homem da roça. Era uma loja que vendia artigos para os homens da roça, que lá em Irará a gente chama de tabaréus, e eu os via passarem por lá e ouvia a fala deles. Acabei me encontrando com essa língua, com os costumes, os jeitos do homem da roça do recôncavo baiano. Essa fala foi uma grande influência no meu trabalho. Era esse mundo pré-gutemberguiano. O alfabeto não era o centro axial da divulgação de cultura no mundo em que eu vivia. Mas esse mundo tinha, mesmo com a ausência de alfabeto, uma vida cultural muito rica, que passava pela natureza oral. E que depois eu vi refletido, por exemplo, na escrita do Guimarães Rosa. O Euclides da Cunha dizia que o sertanejo, embora analfabeto, procedia como um cientista.

***O Euclides da Cunha foi uma
descoberta muito importante
para você, não foi?***

O Euclides foi uma grande coisa da minha vida. Teve um ano que eu fiquei preso para estudar durante as férias. Eu precisei fazer segunda época, como se chamava a recuperação, para passar de ano na escola, e a minha mãe me trancava depois do almoço para estudar. Eu tinha que ficar lá até umas seis da tarde, quase noite. Mas a casa era de assoalho de tábuas corridas e eu podia ouvir quando ela andava pelos cômodos, saber se ela estava perto ou longe. E aproveitava quando ela não estava por perto para ficar lendo gibi. Eu tinha levado três ou quatro gibis para as férias. Quando via que ela se aproximava, escondia os gibis e pegava os livros da escola. Mas um dia acabaram os gibis e eu não tinha mais o que ler e não queria estudar. E em cima de uma prateleirazinha tinha um santo e um livro assim: "Os Sertões — Euclides da Cunha".

Eu já tinha ouvido falar sobre o Euclides em conversas. Porque na casa do meu avô, depois do jantar, principalmente nas férias, meus tios comunistas ficavam ali na sala de jantar conversando. E os comunistas eram obrigados a pensar muito, porque eles estavam se propondo a reinventar todos os procedimentos de administração da vida, de bens da nação e tudo o mais. A minha família era política nos dois extremos: de um lado, os conservadores da UDN, a União Democrática Nacional, como é o caso do tio Elísio, irmão da minha mãe, que era prefeito, e do outro o Partido Comunista, como era o caso do tio Fernando, que era deputado na capital. E daí depois do jantar havia longas conversas, e eu ficava lá e ouvia.

A conversa na casa do meu avô ia por essas ondas. Às vezes, até o vaqueiro do meu avô, Seu Neca, era chamado a dar o testemunho sobre a vida dele no planeta Terra e era ouvido. A minha família prestava atenção no que ele estava dizendo. O que foi muito importante para eu ter acesso a esse outro universo completamente diferente do mundo em que eu vivia. Na loja do meu pai a gente também tratava o povo da roça muito bem, até porque eles eram os nossos fregueses. Então, quando dava nove horas da noite, eu estava ali vendo aquelas conversas, febrilmente interessado, apaixonado por aquilo, até que alguém dizia que era hora das crianças dormirem. Nove horas já era alta madrugada para a gente. Aí tiravam a gente da sala. E eu passava a noite acordado cozinhando o que tinha ouvido. Costurando tudo, recordando, imaginando o que não sabia o que era. Essas coisas de conversa de adulto. Tudo isso foi muito importante para a minha educação. E foi nessas conversas que eu ouvi falar pela primeira vez em Euclides da Cunha.

Eu peguei o livro do Euclides na prateleira e comecei a ler. Eu já admirava o homem da roça, porque fui percebendo que a palavra é a moeda que mais circula no Sertão. Naquele Sertão miserável da minha infância, uma refeição por dia era um luxo, quanto mais três. O povo da roça não tem dinheiro para nada. Então a palavra se torna muito importante. Ele zela pela palavra, pelo significado. E eu ia aprendendo com o zelo. Tanto que quando eu comecei a ler o Euclides da Cunha, era "A Terra", falando sobre os terrenos terciários e tudo o mais. Mas eu pulei tudo aquilo eu fui direto para "O Homem". Foi então que comecei a desconfiar que ele estava falando de mim e do povo da loja. Até então eu pensava que a gente não fazia parte do mundo, nem de nada. Irará estava depois de onde o vento faz a curva. E livro, até então, só falava de lugares distantes, coisas remotas. Mas de repente estava lá a nossa fala.

Eu disse: "Não é possível!". Eu fiquei excitadíssimo. Aí comecei a ler, cada vez mais interessado. Tanto que na hora que passei a ter certeza que ele estava mesmo falando de mim, do que eu via na loja, dos meus tios, falando daquele sertão, eu chorei nesse dia. E veja lá: chorar era muito feio na minha infância. A família pensava que você estava ficando doido e batia em você pra ver se consertava. Como se porrada pudesse consertar alguma coisa.

*É interessante esse zelo com
a palavra, porque tem aquele ensaio
do Haroldo de Campos onde ele vai
mostrando que tem até sonetos
inteiros no meio da prosa dos Sertões,*

que é possível pegar um
parágrafo e transformar
num soneto exato,
com métrica e rima, tal o
zelo com a fala que ele
reproduz lá.

Você me lembrou de uma coisa boa, eu até já tinha esquecido dessa transação do Haroldo de Campos com o Euclides da Cunha. O Euclides era uma moça, porque moça tem uma sensibilidade que a gente homem não sabe o que é. A verdade é essa, até hoje não sabe. Quando o povo que era mandado para cobrir a Guerra de Canudos chegava perto da guerra, o último muro civilizado era Salvador. E lá a pessoa se hospedava num hotel, passava uns dias providenciando essa viagem para pegar o trem que saia de Juazeiro e passava por Água Fria, que fica a uns 18 quilômetros de Irará. Uma vez eu fiz esse trajeto a pé, de noite, sozinho, de Água Fria até Irará. Ave Maria! Que coisa de louco!

O Euclides da Cunha chegou em Salvador na leva das pessoas que foram cobrir a Guerra de Canudos como jornalistas, e daí a Secretaria de Segurança Pública chamou ele para assistir o interrogatório de uma de criança de 12 anos, que era do grupo do Antônio Conselheiro e tinha sido presa. Agora veja a hora e o susto que essa moça chamada Euclides da Cunha tomou. Ele sentou para assistir o interrogatório e perguntaram para a criança: "Mas por que vocês estão fazendo isso?" E a criança disse: "Para salvar a alma". Aí Euclides da Cunha caiu para trás. O negócio do Conselheiro era tido como um movimento político reacionário, que ninguém sabia que nome teria, fascista, qualquer coisa assim. Era tido como um movimento contra a Proclamação da República. E daí, de repente, ele descobre que é um movimento religioso...

Tem uma história que é importante para mim, porque liga o Golpe de 1964 e Canudos. A casa do Antônio Conselheiro ficava em cima de um morro. E em volta tinha as casas dos devotos, porque lá o negócio era devoção, né? E quando teve o Golpe e começou a ditadura, eu morava numa casa com três ex-diretores do Partido Comunista. Então a casa foi fechada imediatamente e eu não era doido de ficar por lá. Saí e fui morar com a minha irmã. Da janela da casa dela dava para ver o Morro da Roça do Lobo, e um dia de manhã eu olhei pra lá e vi que estavam começando a fazer essa coisa igual à tomada de Canudos. Porque para chegarem e matarem o Conselheiro, foram vencendo casa por casa, subindo o morro. O que era fácil, porque não tinha resistência real. E o que estava lá em cima do morro de Salvador era a sede da Escola de Samba do CPC, do Centro Popular de Cultura da UNE. E então eles subiram casa por casa até a Escola de Samba e eu assisti tudo. Eu vi a Guerra de Canudos de novo.

*Ao que parece, é muito forte
para você essa aproximação
entre literatura e vida, essa
percepção de que o que lê está
presente também, de certa forma,
na sua experiência pessoal...*

Isso aconteceu algumas vezes na minha vida. Mais tarde, lendo Thomas Mann, eu vi ele falando sobre a fundação de uma fábrica de charutos no Rio de Janeiro que passava pelas plantações de fumo no interior da Bahia, em Santo Amaro, em Cachoeira. E vim a saber que o fumo de Irará era seco ao sol. Irará só tinha uma lavoura, que era fumo. E quando o preço do fumo estava baixo ou não chovia para ter colheita, porque lá eram dois anos de sol, dois anos de chuva, faltava dinheiro na cidade. O pessoal da roça chegava na loja e dizia para o meu pai: "Sr. Everton, o senhor está sabendo?" E meu pai dizia que sim. Às vezes o tabaréu botava o dinheiro em cima do balcão e meu pai o ajudava a administrar aquele dinheiro com o qual ele ia viver o ano todo. Deixava um tanto pra farmácia, um tanto para as comidas... Quando tinha seca, a minha mãe já avisava que naquele ano não teríamos algumas coisas, e a gente já baixava o nível de vida. Mas meu pai sabia que ele receberia depois o dinheiro das mercadorias, porque pobre adora pagar, pobre não gosta de dever dinheiro para ninguém. Eu via a felicidade com que aqueles tabaréus entravam na loja para pagar as mercadorias do ano inteiro que estava devendo. É engraçado hoje imaginar o mundo com essa ética...

E como era na escola?

Eu fui um bom aluno na escola primária. Mas não sei o que me atacou depois, que no ginásio eu não pegava em livro. Tia Luiza que me ajudava a passar de ano, estudando a noite inteira comigo na véspera das provas. E assim fui passando, até que no terceiro ano fui reprovado por conta da ginástica. Pelas faltas. Isso era em Salvador, que era uma tristeza. A farda da escola de Salvador não era a mesma de Irará, eu me sentia fora de lugar, tudo era sofrimento. Foi por conta da ginástica que eu caí na segunda chamada e precisei passar as férias de castigo, estudando. E que acabei descobrindo o Euclides da Cunha, como contei.

Os professores daquele tempo eram muito severos. O curso primário era uma coisa inacreditável. Tanto que, no meio do ginásio, um colega meu, que era jornalista, tomando uma cerveja comigo — eu já estava fazendo música e tal, fazendo as minhas primeiras canções — me disse: "Você não quer trabalhar no jornal comigo?". Porque ele sabia que eu escrevia bem, já fazia até poesia. Era um sábado, e ele disse para eu chegar no começo da tarde, na segunda-feira, que ele me ensinava como se faz uma matéria de jornal. Eu tomei um curso de quatro anos de jornalismo em meia hora, entre uma e meia e duas horas da tarde! Mas uma pessoa que sabe escrever bem pode fazer isso.

Ele me ensinou o básico: "Olha, você tem que começar com o mais importante da matéria que você vai cobrir. Dois parágrafos de cinco ou seis linhas com quem, o que, onde, como, por que. Respondendo essas perguntas, já tem a reportagem toda. Daí você vai deixando o menos importante para o fim, de forma que o paginador, se faltar espaço, pode cortar o fim que não tem importância nenhuma". E eu realmente saí às duas horas e fui cobrir a primeira matéria, sobre viação e obras públicas. Eu entrevistei um secretário ainda jovem, que depois fez uma boa carreira de político, progrediu muito, chegou a ser prefeito de Salvador. Então veja que mundo que eu fui educado: no ginásio, já se sabia escrever até para jornal!

**Você falou que nessa época
já compunha. Como foi a sua
aproximação com a música?**

Eu já tocava violão. Aí entra outra pessoa que ficou na minha vida: Renato Martins Portela. Filho da família

Portela, que era outra família importante lá de Irará. O pai dele também era fazendeiro. O Renato entrou na minha vida quando eu era muito criança, ele era uns oito anos mais velho. Foi num jogo de futebol contra o time de Alagoinhas, que era muito melhor do que o nosso de Irará. Alagoinhas era uma cidade desenvolvida, tinha mais estrutura. E aí a gente estava apanhando, tomando uma surra danada. E Renato estava na torcida, não sei por que ele inventou de falar comigo. E disse: "Tom Zé, jogue com a cabeça!" Mas como eu ia fazer isso? Estava chovendo, a bola naquele tempo era de couro grosso que encharcava e estava pesada, mesmo chutar era difícil, como eu ia suspender a bola para jogar com a cabeça? E aí, depois do jogo, fui para a casa. Mas a pessoa curiosa fica querendo traduzir o que ouviu e eu cheguei à conclusão que ele estava dizendo que eu precisava pensar no jogo. Decifrei a metáfora. Imagina uma criança de oito anos decifrar uma metáfora por si mesma! Naquela época, você não podia fazer perguntas aos adultos. Os adultos nem ouviam as crianças. E então eu comecei a entender o que o Renato me dizia, e comecei a ser uma pessoa que ele gostava, porque eu respondia de alguma maneira ao que ele tinha dito.

Toda vez que eu o encontrava, ele me contava alguma coisa estranha. Uma piada, por exemplo. Todo mundo conta piada no interior, especialmente piada de Bocage, que é piada de putaria. Ou fazia perguntas que me desconcertavam, como: "hoje você vai torcer pelo artista ou pelos bandidos?" O artista sempre era o mocinho, né? E isso me dava uma baita dor de cabeça, como assim que uma pessoa podia torcer pelos bandidos? Aquilo era a negação da lógica bipolar, do maniqueísmo que a gente vivia.

O Renato foi muito importante nesse período. O último toque que ele deu para mim foi em 1953. Eu não arranjava namorada, era muito tímido. Eu fui criado numa casa em que o meu pai e minha mãe brigavam muito. Quando os pais são desunidos, a criança está perdida, não tem jeito. A criança não tem apoio em lugar nenhum. Eu tinha o pesadelo de que a lua estava caindo na Terra. E meus psicanalistas depois me disseram que esse é o pesadelo oficial de pessoa que a família brigava. Então eu não sei o que era timidez e o que era pessoa que nasce com fracasso. Eu era um menino como outro qualquer em Irará, filho até de família grande, mas não conseguia nenhuma namorada. Daí, naquelas férias de 1953, eu estava de castigo e ficava estudando até o fim da tarde, depois eu ia ver as meninas no jardim. Mas, chegando na janela do Zé Freitas, que é a última casa antes do jardim de Irará, eu vi que tinham poucas meninas lá, porque elas deveriam estar na missa do Cruzeiro, que é uma missa de segunda-feira de festa. A última comemoração da padroeira é essa missa, que era realizada a uns três quilômetros de Irará, e o pessoal tinha que ir a pé. Mas tinha algumas meninas no jardim e aí o Renato passou com um violão, sem capa, e disse assim: "Tom Zé, não toco mais flauta". Porque antes ele tocava flauta transversal. "Agora toco violão, que é muito mais bonito". Ele pegou o violão e começou a tocar uma música: "Eu não quero outra vida / Pescando no rio de Jereré". E quando ele cantava "de Jereré" se formava um contraponto de primeiro grau, nota por nota. A melodia fazia dó-si-dó-ré, e o violão fazia dó-si-lá-sol. Era uma coisa tão linda que eu perdi a consciência. Então eu falei: "ah, eu vou tocar violão também".

O Renato tinha um ônibus, que a gente chamava de marinete na época. Era um ônibus pequeno com aquela frente de caminhão e era o único transporte de Irará. E eu pedi para o ajudante dele comprar um violão para mim em Feira de Santana. Na próxima segunda-feira de tarde, eu recebi o violão e já comecei a tentar aprender. Foi daí que eu comecei a tentar música. Demorou uns dois ou três anos para eu conseguir tocar um pouco, acompanhar alguma coisa no violão.

**A música já fazia parte
da sua vida antes disso?
O seu ambiente familiar
era musical?**

Não. A minha mãe Helena era mais rebelde e teve alguma relação com arte — ela costumava pintar durante o ginásio. Mas ficava nisso. Ela era realmente rebelde, no terceiro ano do ginásio disse ao meu avô que não queria mais estudar interna e voltou para Irará. Daí conheceu meu pai e se casou com ele. Meu pai nasceu muito pobre, foi marreteiro na juventude. Mas ganhou na Loteria Federal ainda nos anos 1920 e abriu uma loja. Ele era de família muito pobre, os irmãos todos tinham morrido jovens, não tinha parentes. A minha mãe que era de família rica.

O que tinha de música na minha casa é que ela era geminada com um clube e a cama onde eu dormia ficava encostada na parede. Todo mês tinha festa de noite inteira no clube e eu ficava ouvindo aquele bumbo das bandas que se apresentavam. Eu sempre achei que esse bumbo deveria ser parecido com o que uma criança ouve no útero, o coração da mãe. Acho que isso é o mais próximo de música que eu tive na infância.

**E como eram as suas
primeiras composições?**

Quando eu aprendi a tocar violão a ponto de conseguir confeccionar algumas canções, eu comecei a fazer músicas principalmente com os personagens de Irará. Uma das minhas primeiras canções foi sobre os doidos da cidade, que era uma coisa muito presente naquele tempo. Não existia nem rádio nem televisão, então os comerciantes mantinham uma espécie de circo público, que desfilava pelas portas da cidade. Os doidos faziam todo tipo de arte em troca de esmola. Cada um tinha a sua. Uns diziam versos, outros falavam esquisitices. E eu fiz a música: "Guilherme se requebra / Rufino bota pó / Euclides morde o braço / Dasdores fala só / Janré diz que é vi / é dondo e é ado / Germino curador / Por Dalva foi surrado / Lucinda sobe-e-desce / Tiririca bole-bole / Mas todos passam bem / com Maria Pago Mole." Maria Pago Mole era uma espécie de primeira experiência oficial para todo rapaz de família lá da minha terra e por isso ela entrou na canção.

Eu passei muito tempo vivendo esse tempo de Irará, que era um tempo parado, aquele "tempo redondo do mito", em que tudo gira em torno das festas, sem nenhum sentido de progresso ou modificação. E daí, quando comecei a compor, comecei a mexer com os personagens e os folclores de Irará e a intervir. Pegava uma canção folclórica e justapunha com os personagens com os quais eu convivia. E foi essa experiência que foi me levando para a sátira.

A minha primeira apresentação num programa de televisão foi uma sátira. O programa se chamava "Escada para o Sucesso", na TV Itapoã, e em 1960 eu fui convidado para cantar lá e fiz uma música chamada "Rampa para o Fracasso". Só que foi um sucesso danado, no dia seguinte todo jornal da Bahia estava comentando. E a partir disso eu ficava em Irará e de vez em quando a televisão me chamava. Dessa música, eu não me lembro mais nem uma palavra. Estou até com a esperança que o Augusto de Campos tenha ainda a gravação, porque ele gravou muita coisa na época da Tropicália, naqueles gravadores de fita de rolo antigos. Ele pegava uma fita enorme no gravador velho dele e fazia você tocar todo o repertório que você tinha feito na vida.

**Você diz que era tímido,
como foi se apresentar
em público?**

Olha, a minha primeira experiência de ver a repercussão pública de uma coisa minha foi num dia que o povo da cidade passou todo cantando a música que eu tinha feito sobre os loucos de Irará. Aquilo foi um susto. Quando passaram cantando, eu me escondi para olhar. Aquela experiência me deu a primeira sensação do que poderia ser subir num palco. E a partir dela eu decidi que precisava estudar para saber o que fazer se um dia precisasse me apresentar em público. E fui estudar na única escola de palco que conhecia, que era o vendedor de rua, o que a gente chamava de "o homem da mala".

O "homem da mala" é aquele cidadão que põe uma mala na rua, sem palco nem nada. E daí começa a apresentar os seus produtos, uns remédios, o que for. E começa um espetáculo: aparece uma pessoa, depois outra, logo mais ele está cercado de espectadores. E daí ele se torna como um palhaço, para chamar a atenção, para distrair as pessoas, para fazer que mais pessoas cheguem para ele poder vender seu produto. Eu fui estudar isso. Tomei nota e tudo. Aquela foi a primeira lição de espetáculo que tive.

Foi nessa época que você conheceu o Caetano Veloso e o Gilberto Gil?

Sim. O Orlando Senna, que era jornalista dos Associados, um grupo de imprensa que já desapareceu no Brasil, quando me viu cantando na televisão "Rampa Para o Fracasso", me procurou e disse: "Você precisa conhecer Caetano e Gil!" E a Caetano e Gil ele dizia a mesma coisa. Veja que impressionante: ainda era no começo da década de 1960, e o Orlando já havia adivinhado o grupo tropicalista, percebido que havia alguma coisa em comum entre a gente. E assim o Orlando nos apresentou. Naquela época, todo sábado à noite uma amiga, a Maria, oferecia uma batida na casa dela e a gente ia lá e mostrava nossas músicas uns para os outros. E assim a gente foi se aproximando, trocando ideias, até que decidimos fazer um show juntos. Éramos nós três e a Maria Bethânia e a Gal Costa, que na época ainda chamava Maria da Graça. Isso já era 1962. O Caetano colocou um nome que nos dava uma responsabilidade imensa: Nós, Por Exemplo. Depois, fizemos outro show, que se chamou Velha Bossa Nova, Nova Bossa Velha".

*E como foi que você entrou
para o CPC da UNE?*

Isso é muito interessante. A minha tia Gilka, mulher do tio Fernando, que era deputado comunista, morava em Salvador. Daí eu fui estudar lá e em 1959 o Hélio Contreiras, que era comunista também, foi meu colega de classe. Ele tocava violão muito bem, era muito amigo daquela turma do Xangai e do Geraldo Azevedo, e tinha um trio muito bom. Era ele, um outro músico na cabaça e outro no timbal, e os três faziam vozes paralelas lindamente. Era um encanto você ver aquilo. E daí ele começou a cantar as músicas que eu compunha falando das coisas da vida baiana, do acarajé, do cotidiano da cidade. E disse que eu iria com eles para o Festival de Praga, onde seria o encontro da juventude comunista daquele ano. Naquela época, o tio Fernando ia preso umas duas vezes a cada cinco anos. Ele ia na Europa Oriental, na Tchecoslováquia, na Iugoslávia, e a revista Cruzeiro, que era o principal veículo da época, botava ele na cadeia: "nosso homem de Moscou". Tio Fernando era muito ligado à embaixada e todo mundo sabia por onde ele andava. E então eles me levaram pro Rio de Janeiro, achando que o tio Fernando conseguiria me colocar no navio para o Festival. Mas eu sabia que uma coisa organizada por lá na Europa não permitiria que se botasse uma pessoa a mais no meio do caminho. Então, um pouco para compensar a frustração, eu acho, o tio Fernando me deixou na sua casa por um tempo. E eu me aproximei deles.

A tia Gilka foi muito importante naquele período. Quando eu voltei para a Bahia, o meu cunhado me deu uma loja para trabalhar em Irará. Era uma posição extremamente importante. Mas aí a tia Gilka foi lá e me disse que queria que eu fosse para Salvador, para ficar na casa deles, estudar se eu quisesse, trabalhar se eu quisesse, que eles me sustentavam. Eu disse que a minha irmã não ia deixar, mas daí a tia Gilka foi lá e falou para ela que eu estava fumando maconha com os meninos de Irará e era melhor eu mudar para Salvador para sair daquele ambiente. Ora veja você! Os meninos não me mostravam a maconha com medo de eu ser contra, porque eu era muito mais velho que a turma e era dono de uma loja e tal. A minha irmã não me disse nada, mas a tia Gilka voltou de lá com a permissão para eu ir embora para Salvador e eu fui. E ela me botou para fazer show. Eu ia cantar na televisão. Avisei que estava morando em Salvador, então eles me convidavam com mais facilidade. E fui fazer show na Boate Clock, que era uma boate de luxo.

Mas, em 1961, teve a mudança da capital para Brasília, que estava sendo inaugurada, e o tio Fernando e a tia Gilka decidiram que iam morar lá. Eu não iria junto, então disseram para eu procurar um lugar para ficar, porque eles iam entregar o apartamento na semana seguinte. Eu pensei em voltar para Irará, trabalhar na loja do meu pai, porque tinha fechado a minha loja e nem imaginava arranjar um emprego em Salvador. Mas, por acaso, contei a Nemésio Salles, que era meu amigo, e ele disse que eu poderia morar no apartamento dele. Eu disse que não queria morar de favor, mas ele disse para não me preocupar, que eu poder pagar com meu trabalho. E daí ele fez a ponte e eu fui trabalhar no CPC. Quando foi de noite, o Partido Comunista do Brasil mandou me pagar 30 mil cruzeiros, que seria o meu salário mensal. E daí eu podia ficar, porque o apartamento custava 20 mil e tinha almoço e jantar.

**Como foi a sua
experiência no CPC?**

Eu virei diretor de música do CPC. Fiz uma primeira peça, com letra do Capinam, chamada *Chegança*. Era inspirada nas danças contra os mouros que, na Idade Média, os portugueses praticavam contra os invasores árabes e que permaneceram na cultura dos povos nordestinos. É claro que a letra de Capinam era uma letra engajada, do mundo político de então, usando a *Chegança* como modo de trabalhar. Depois da *Chegança*, ele fez uma outra dança, o *Bumba-meu-boi.* E eu comecei a compor. Mas o pessoal do CPC começou a colocar a mão na cabeça, a ficar ressabiado, porque acharam que eu estava me repetindo. Eu sorria daquilo porque realmente, na minha cultura e na convicção cultural que eu tinha, todas aquelas canções eram as mesmas e não tinha nada que fazer, nada diferente. Se eles pensavam que o bumba-meu-boi podia ser diferente de uma chegança, eles estavam redondamente enganados. Não há progresso na música folclórica!

Mas aí o pessoal do CPC me deu um conselho que foi importante, para eu ir estudar música para não ficar me repetindo. E eu acabei indo parar na Escola de Música. Eu era completamente analfabeto de teoria da música. Em menos de um ano, tive que aprender todas aquelas coisas, solfejar, ler partitura, teoria musical. E daí prestei vestibular e entrei na Universidade da Bahia, que na época estava vivendo o grande período do reitor Edgard Santos. Mas, quando estourou o Golpe de 1964, eu fiquei desamparado, porque o CPC desapareceu e eu perdi o emprego.

*Mas daí você já estava na
Escola de Música, não é?*

Estava. Eu entrei em 1962. Passei em primeiro lugar no vestibular. Para isso, foi importante um conselho de uma amiga nossa que era formada em Biblioteconomia, a Ieda, que me disse que o ideal era dizer que eu queria estudar violoncelo, porque tem mais vagas. Aí, eu me inscrevi sem saber uma nota musical. Eu já tinha aprendido alguma coisa com o *Método* do Canhoto, que era um livro interessantíssimo, porque não ensinava a acompanhar música com o violão, mas a harmonizar. Tinha todo um pensamento em torno da música. Mas ainda era uma coisa muito inicial. E falei que queria estudar violoncelo, que era apaixonado por violoncelo desde criança, e os professores pediram para ver a minha mão. Eu já achei que iam me degradar, mas mostrei e eles falaram que eu tinha uma mão grande, que dava para estudar violoncelo. E eu comecei a frequentar a escola.

Quando eu perdi o trabalho no CPC, o diretor da escola, o Ernst Wiedmer, mandou me chamar e perguntou se era verdade que ia largar a escola. Eu disse que sim. Mas como eu tinha passado em primeiro lugar, ele me ofereceu uma bolsa de estudos. Era 20 mil cruzeiros por mês, eu pagava 15 mil cruzeiros de pensão e tinha direito a restaurante universitário. Com isso, eu tive o prazer de desfrutar de uma das melhores escolas de música do mundo, que era a da Bahia daquele tempo.

A Avant-Garde da Bahia, como diz o Antônio Risério...

Sim. A Universidade da Bahia daquele tempo era realmente a vanguarda. Quando o Edgard Santos, que era o reitor, chamou o Koellreutter para fundar a Escola de Música, ele respondeu "você é doido, Edgard. Você acha que eu vou para a Bahia fundar uma escola com esse currículo ridículo do Ministério da Educação?". Mas o Edgard mandou dizer que ele poderia fazer a escola que quisesse. Tanto que eles chamavam a escola de Seminários Livres de Música. E o Koellreutter foi para Salvador e trouxe professores da Europa da melhor qualidade, porque teoricamente não existia professores tão bons no Brasil. O Koellreuter podia oferecer bons salários para os melhores professores europeus e daí foi os cooptando. E o ensino era sofisticadíssimo.

O Koellreutter era um personagem. Ele tinha a nossa altura, mas era um alemão misterioso. Ele era um encanto para aquelas moças que estudavam na universidade. A gente dizia que quando Koellreutter entrava na sala, as pernas das meninas tremiam em terça maior. E era uma figura admirável. Eu dizia que ele era um pescador de almas. Na primeira aula que vi dele, ele entrou com um livro na mão e jogou em cima da mesa. Eu fiquei pensando que ele era um mal educado. E virou para nós e disse: "Música não é a expressão dos sentimentos através do som". Eu tomei um susto da porra! Eu tinha estudado em livros de música e o primeiro parágrafo era sempre esse: "Música é uma expressão dos sentimentos através do som". E ele viu que eu tinha me espantado. Eu acho que pensou: "Se essa pessoa se espantou, ela pode fazer alguma coisa na vida". Ele era um pescador de almas. E funcionava: quando a minha turma fundou o Grupo de Compositores da Universidade da Bahia, eu sou um dos fundadores, todo mundo sabia música com qualidade.

E o Walter Smetak?
Você tem uma relação
com ele?

Ele era meu professor de violoncelo. Aí vem outra coisa muito gozada. Quando meus avós fizeram Bodas de Ouro, em 1953, a casa foi toda transformada. A casa era enorme e o fundo era um apartamento de não sei quantos quartos, não sei quantas salas, a cozinha e tal. Era de chão batido, aí calçaram tudo. A garagem só guardava utensílio de carro de boi e passou a ser uma garagem de automóvel. Aí fizeram uma biblioteca na casa. E quando eu voltei para Irará em 1960 e tinha a minha loja, eu cansei de ir ao clube, renunciei de tudo. Não arranjava namorada mesmo. Eu ia pra casa de minha avó depois que a loja fechava, jantava lá mesmo e ficava no quarto. Mas aí eu descobri essa biblioteca, rapaz. E comecei a ler. O primeiro livro que peguei foi A Montanha Mágica, de Thomas Mann. E foi nele que eu li que o personagem um dia pegou um charuto de Cachoeira. Quando eu vi a palavra Cachoeira, que era uma coisa perto de Irará, era teoricamente o nosso mundo, Santo Amaro, Cachoeira e tal, eu disse: "não é possível, é Cachoeira? São Félix ou Cachoeira, ali vizinho da gente?". E era. E nessa biblioteca do meu avô tinha também um manual de ioga. Eu estava querendo me cuidar e comecei a fazer exercício de ioga.

Quando cheguei em Salvador, eu fazia Raja Yoga. E lá eu descobri um livro de Hatha Yoga, que era a ioga do pensamento. Na Escola de Música, quando inaugurou, o aluno tinha a sua própria sala e o professor que ia na sala do aluno. Coisa maravilhosa, né? E um dia o Smetak foi na minha sala e viu o livro de Hatha Yoga na minha mesa. E ele fez um escândalo, porque ele também praticava ioga, e disse que aquele livro era avançado, eu só poderia ler aquele livro quando sentisse tremer o olho do cu, que sobe pela espinha, e não sei o que mais. Depois eu descobri que ele estava falando no chacra, do kundalini, mas eu achei aquilo uma pornografia, o professor de música dizendo aquele negócio de cu pra lá, cu pra cá. Enfim, é claro que no fim eu levei na boa.

O Smetak depois começou a inventar instrumentos. Ele se casou com uma mulata e foi morar com ela. E começou a ter filhos. Ele vivia numa motocicleta. E aí construía peças para colocar os filhos na motocicleta e a própria mulher. Dia de sábado de manhã, saía com aquela motocicleta cheia de nego com um alemão guiando. Era engraçado. E começou a ficar famoso. Os instrumentos dele eram criados com princípios que vinham do conhecimento, por exemplo, do sopro humano como uma energia vital. Era um jeito diferente de se pensar um instrumento musical e ele aproveitava tudo, tanto nos materiais para a construção do próprio instrumento, como na maneira do instrumento ser tocado. Ele era muito criativo.

Depois, o meu professor passou a ser o Piero Bastianelli, que era um daqueles rapazes pobres da Itália que estudam música. Ele foi para a Bahia porque soube que estavam procurando professores lá e virou professor de violoncelo. Ele era um professor carinhoso, gentil. Respirava para tocar, como se fosse cantar. Eu passei uns quatro anos estudando com ele, até que pedi para largar o violoncelo como instrumento principal. O interessante é que quando eu sai entrou outro aluno de violoncelo no meu lugar, ficou com a minha sala, com meu professor, com meu quarto de pensão. Ficou com tudo. Só não ficou com minha namorada porque eu não tinha namorada na época. Era o Marco Antônio Guimarães, que depois voltou para Minas Gerais e criou o grupo Uakti, onde ele também criava os próprios instrumentos.

**Você nos disse que foi expulso
da Escola de Música.**

Ah, sim. Foi por conta do Festival da Record de 1967, aquele que o Caetano cantou "Alegria, Alegria" e o Gil cantou "Domingo no Parque". Eu estava com uma música no Festival também, "Moreninha". Foi o Gil que sugeriu que eu inscrevesse essa música, porque ele gostava dela. E naquela época eu já tinha crescido na Escola de Música, porque o diretor se queixava que não conseguia nenhum espaço na imprensa para divulgar as atividades da escola e eu disse que poderia ajudar, porque tinha sido jornalista e conhecia as pessoas que trabalhavam nos jornais. Comecei a trabalhar com isso, fazia textos sobre o que estava acontecendo na escola com a linguagem dos jornais, já entregava tudo pronto, e eles acabavam publicando. E eles começaram a me pagar para fazer esse trabalho, 60 mil cruzeiros por mês, além dos 20 mil que eu já recebia da bolsa. Depois eu comecei a me apresentar com o conjunto de cordas que eu cantava na televisão nas escolas secundárias, e recebia mais 50 mil para isso. Eu estava ganhando mais de 100 mil por mês! Comprei logo um carro. O único fusca que parava no restaurante universitário era o meu.

Bom, mas daí "Moreninha" foi aprovada no Festival e eu fui para São Paulo apresentar ela. Eu nem acreditei quando me disseram que ela estava aprovada, tive que ver pessoalmente no jornal. E eu tinha que voltar correndo para Salvador, porque precisava apresentar um concerto de uma orquestra que o nosso amigo Carlinhos Veiga, que havia estudado regência na Alemanha, estava coordenando, e que era ligada à Escola de Música. E eu voltei para a Bahia no meu fusca, que não tinha ar refrigerado. Fui sem camisa e com a janela aberta por causa do calor. Quando cheguei, já estava na hora de apresentar a orquestra, e eu entrei no palco abotoando a camisa, todo esbaforido. No dia seguinte, havia uma matéria na primeira página do jornal, dizendo que a Escola de Música era uma esculhambação, que o rapaz encarregado de apresentar a orquestra de corda entrou no concerto de chinela e com a camisa desabotoada. E eu percebi que precisava entregar os meus empregos. Fui falar com o diretor e ele concordou. Então, pronto, de uma hora para a outra eu não tinha mais emprego.

**E como você fez
para se sustentar?**

Eu ensinava violão cobrando uma fortuna. Teve até uma história, porque um dia entrou um menino com a calça de gente da roça e disse que queria estudar violão. Eu sabia que ele não teria dinheiro para pagar e falei que eu cobrava caro, que não sabia se poderia ensinar. Mas ele disse que era compositor e me cantou umas cinco músicas. Acho que ele nunca aproveitou aquelas músicas para mais nada, mas a gente via que por trás daquilo havia um compositor. E daí eu aceitei dar aula para ele de graça. E como ele se interessava! Porque aluno de violão normalmente não se interessa, não é? Vai lá porque o pai manda. Eu cobrava caro, então meus alunos eram todos filhos de judeus. Mas esse aluno não, ele estava realmente interessado. Eu dava para ele o assunto que era, digamos, um mês de aula, e ele passava o mês estudando. Quando voltava, vinha sabendo mais do que eu, porque ele era bom no violão, o que eu não era. Então ele vinha pintando o diabo. Eu dei quatro aulas para ele e acabou tudo o que eu sabia.

Esse menino era o Moraes Moreira. E foi assim que eu acabei formando o grupo Novos Baianos, da seguinte maneira: eu falei que ele compunha bem, mas não fazia letra. E o Galvão tinha sido meu vizinho de loja lá em Irará. Ele era da ANCAR, Associação Nordestina de Crédito e Assistência Rural. Veja como o mundo dá voltas! E eu apresentei o Galvão para ele. Eu falei para o Galvão procurar o Moraes Moreira na pensão da Dona Maritó, onde ele estava hospedado, e eles logo começaram a compor juntos.

Algum tempo depois, eu os reencontrei na casa de um povo rico lá de Salvador, porque o meu cunhado trabalhava como técnico de congelamento de carne para frigoríficos importantes e vivia com gente rica, e sempre me convidava para cantar na casa deles. E numa noite eu reencontrei o Galvão e o Moraes. Eles estavam juntos com o Paulinho Boca de Cantor, que cantava em boates e eles convidaram para fazer o grupo com eles, e a Baby Consuelo, que era uma hippie que morava debaixo da ponte de Piatã. Ela cantava muito bem. E era a pessoa mais direita daquele grupo! A palavra dela valia ouro. Quando vi eles cantando, eu falei: "Nossa Senhora, que coisa linda, rapaz!" Fiquei muito feliz.

Voltando um pouco, como foi a sua primeira ida para São Paulo, para fazer o* Arena Canta Bahia, *dirigido pelo Augusto Boal?

O negócio é o seguinte: a Nara Leão, quando estava gravando seu segundo LP, correu o Brasil inteiro ouvindo compositores e cantores. E ouviu a Maria Bethânia em Salvador. Pouco depois a Nara teve um problema na voz, ficou rouca. A Nara naquele momento estava fazendo uma mudança entre a Bossa Nova e uma música mais engajada. Ela tinha feito coisas importantes para a Bossa Nova, que realmente foi uma das grandes coisas do Brasil. A Bossa Nova foi tão forte que conseguiu romper fronteira e ser amada em quase todo mundo, em lugares com uma cultura muito mais sofisticada. E pensar que em 1957 o Brasil era um exportador de matéria-prima, e no ano seguinte passou a exportar arte, que é o grau máximo da aptidão humana! Não conheço nenhum outro país, nem mesmo na história antiga, que tenha acontecido uma coisa dessas!

E a Nara, que tinha começado com a Bossa, estava agora fazendo um show de grande sucesso em São Paulo, chamado *Opinião*. Era um show dirigido pelo Augusto Boal no Teatro de Arena, com a Nara, o Zé Kéti e o João do Valle. Ela não podia seguir com o espetáculo estando rouca, então falou para chamarem a Maria Bethânia, dizendo que só ela poderia substituí-la. E foram buscar a Bethânia, que ninguém conhecia, lá na Bahia. Só que a Bethânia ainda era menor de idade, então não podia viajar sozinha e exercer uma profissão. A solução foi trazer o irmão dela junto, que era o Caetano Veloso.

Um dia, o Caetano pegou o violão e tocou umas músicas. O pessoal ficou impressionado. Caetano contou que tinha outros parceiros que tinham ficado na Bahia, que tocavam e compunham também, e o pessoal decidiu nos chamar todos, sem nunca terem nos ouvido, com carteira assinada e tudo de atores de teatro, para fazer um espetáculo. Isso foi em 1965. Foi assim que surgiu o *Arena Canta Bahia*. Nós estreamos o espetáculo e aquilo foi o gérmen e o micróbio do Tropicalismo.

Naquele tempo, o Brasil se dividia dicotomicamente, maniqueisticamente, em dois tipos de pessoa: as de esquerda e as de direita. Mas a nossa ideia não era fazer canção política. O mais político era eu, porque as letras eram sátiras. Quando nós chegamos no Arena, achamos admirável todo aquele proceder engajado deles. Mas a gente não conseguia acreditar naquilo de verdade. É uma coisa que eu chamo da "instalação do demônio", porque toda aquela discussão entre a esquerda e a direita dos militares parecia um teatro feito por filhos rebeldes com pais severos. Não parecia ter a ver com o que realmente estava acontecendo no Brasil. Mas veja: quem estava envolvido naquela discussão toda? De um lado, os militares, e do outro as melhores pessoas do país, intelectuais, artistas. Então como é que se podia ir pra casa com um pensamento desses, de que as pessoas de esquerda estavam fazendo algo inútil? Era como se o demônio estivesse instalado dentro de você, como se você fosse um traidor. Como poderíamos fazer algo diferente daquelas pessoas e que não fosse aceitar aquele autoritarismo todo que o Brasil estava vivendo? E foi esse desconforto, essa instalação do demônio, que fez o Tropicalismo.

*E isso foi percebido, porque
a reação ao surgimento da
Tropicália foi bastante violenta
de todos os lados...*

Sim, realmente, quando apareceu o Tropicalismo, a gente foi atacado dos dois lados, pelos militares, que depois chegaram até a prender e exilar o Gil e o Caetano, e pela esquerda, que nos via como alienados, traidores, entreguistas e tudo o mais.

*Como foi a sua ida
definitiva para São Paulo?*

Foi depois da demissão da Escola de Música. Eu não sabia o que fazer, se voltava a ser apenas estudante. Estava meio zonzo. Aí eu olhei uma pasta que tinha uma matéria pronta para entregar ao Jornal da Bahia, onde eu tinha sido jornalista. O jornal ficava num prédio de três andares. E daí vi aquela matéria pronta e pensei que não ia jogar fora, que ia entregar ela mesmo assim, mesmo depois da demissão. Peguei o carro, saltei lá fora, subi até o terceiro andar para entregar na redação. Quando estava entregando, um rapaz me disse que o Caetano estava no segundo andar. Fiquei feliz e desci para falar com ele. O Caetano me perguntou como estavam as coisas e falei: "Ah, rapaz, me aconteceu um desastre! Agora eu não sei o que fazer da vida..." E contei todo o problema. E daí o Caetano falou que na Bahia eu sofria coisas, mas não ia acontecer nada comigo, e que se eu fosse para São Paulo, eu poderia me aborrecer, mas poderia acontecer alguma coisa comigo. Disse que São Paulo, como vantagem, podia me oferecer um despertar para certas potencialidades que eu estava direcionando para meu estudo de música na Universidade da Bahia e meu interesse por música contemporânea. E me convenceu a ir com ele para São Paulo, para se juntar ao grupo que já estava pensando o que viraria a Tropicália.

Eu fui com ele de avião para São Paulo e ele me levou até o Guilherme Araújo, que era o produtor deles. A gente sentou num teatro na rua Augusta e conversou. O Guilherme falou que era para eu ter o nome artístico Tom Zé, assim separado, porque eu era conhecido na Bahia como Toinzé. E justificou: "Tom, de Antônio, que mostra que o negócio que você faz é sofisticado, e Zé, porque o negócio que você faz é uma esculhambação!" Ficou o nome perfeito. E eu me lembro que de noite o Caetano me levou para o Teatro Oficina, para ver a montagem do O Rei da Vela, a peça do Oswald de Andrade, com direção do Zé Celso Martinez Corrêa. Mas eu falei com o Caetano que não poderia ficar naquele momento em São Paulo, porque precisava voltar para a Bahia para dar as aulas de música que já tinha recebido. Eu cobrava as aulas de violão adiantado. Então eu voltei, dei as aulas, acabei o curso de história da música, fiz algumas outras coisas, e quando acabou, peguei o avião para São Paulo. Isso foi no dia 2 de janeiro de 1968. Fui morar numa pensão que a dona tinha parentesco em Irará, na rua Conselheiro Brotero, no bairro de Santa Cecília.

E foi então que você
participou do disco Tropicália
ou Panis et Circensis...

Sim. Eu participei com aquela música "Parque Industrial". Eu lembro que quando fui no estúdio ver os arranjos do disco, eu fiquei muito impressionado com o Rogério Duprat. Eu disse: "Mas vocês são uns caras de uma sorte fela da puta!" Porque para eu fazer um arranjo, tenho que ir pro estúdio, mandar o maestro tocar, e daí pedir para ele consertar tais e tais coisas. Mas tudo o que o Rogério fazia não precisava meter uma vírgula naquilo. O disco já estava pronto! Porque qualquer pessoa que botasse a voz naquelas músicas já era o disco novo do mundo! É claro que eles também tinham muita coisa para dar, os Mutantes, com as vozes deles, que eram muito bonitas, assim como Gil, Caetano, Gal. Fizeram um disco de arrasar...

Vocês fizeram, né?

Não, porque eu participei muito pouco. O Rogério Duprat era uma coisa muito engraçada. A contracapa do disco tem uma espécie de roteiro, que foi escrito por ele. Eu lembro que o Caetano me mostrou e disse que aquilo seria o texto de contracapa. Ele era genial. Agora, veja que coisa que ele fez com a própria vida, ele começou a ser contra os meninos. Toda oportunidade que tinha, falava mal. E aí as pessoas o pegavam, como já tentaram me pegar também, para esculhambar o Caetano e o Gil. E ele acabou meio isolado por isso. Quando o Rogério morreu, eu fui no enterro e esperava que estivesse todo mundo que ele beneficiou lá. Porque brigas aqui e acolá todo mundo tem... Aí eu fui lá e só estava o Júlio Medaglia e o Sandino Hohagen, que havia feito os arranjos do meu disco de estreia junto com o Damiano Cozzella. Foi triste.

**No Festival da Record de 1968,
você está presente com duas
músicas: "São São Paulo
Meu Amor", que foi premiada
em primeiro lugar,**

Sim. Eu me lembro de quando eu fiz a "2001". Eu era apaixonado pela corrida espacial e naquele tempo o homem estava para chegar à lua. Eu vivia sonhando com aquilo. E daí eu compus a música e fui mostrar para o Caetano no apartamento que ele morava, que era perto da pensão. Gil morava perto também, e eu sempre mostrava para eles as músicas que estava fazendo. Quando cheguei com "2001", todo mundo festejou. Mas eu achava que a música não prestava, embora eles insistissem que era boa. Tentei fazer junto com o Caetano um arranjo para ela e não conseguimos.

Um dia, o Guilherme Araújo jogou uma fita cassete e disse: "Olha aí a sua música". Estava escrito "2001". Quando compus, a música se chamava "Astronauta Libertado", que era o primeiro verso. Eu fui ouvir e era o arranjo dos Mutantes. A Rita Lee tinha feito o mesmo percurso que o Stanley Kubrick fez no começo do filme 2001. Aquele que é talvez o corte mais famoso do cinema: quando na Idade da Pedra, um homem primitivo descobre que o osso pode ser um instrumento para matar outro humano, o que também é uma coisa excitante, e fica tão entusiasmado com a coisa da morte que joga para cima aquele osso que parece um tacape. E o tacape sobe, sobe, quando a gravidade da

Terra começa a vir faltando, corta para a estação orbital. E está tocando o que é tipo uma música caipira da Europa, o "Danúbio Azul". A Rita Lee faz a mesma coisa, inicia com uma música caipira com aquela letra futurista e depois transforma num rock psicodélico, moderno.

Sabia que quem faz a voz da caipira na gravação dos Mutantes é a mãe do Chitãozinho e Xororó?

Ah, é? Não sabia. Eu me lembro que o Augusto de Campos ouviu a música e ficou fascinado com a história de incluir uma música caipira no arranjo. Eu estava na casa do Caetano, que era lá perto da esquina da Ipiranga com a São João, sobre a qual depois ele compôs a música "Sampa". E eu ia às vezes andando da casa dele até aquela praça que tem a Biblioteca Mário de Andrade. O Augusto de Campos trabalhava na rua 24 de Maio, num negócio qualquer do Estado, como advogado. E ele saía e passeava por ali no fim de tarde. Aí ele me encontrou e falou: "Oh, Tom Zé, você sabe se os Mutantes vão cantar mesmo música caipira no Festival? Porque é muito importante que cantem música caipira!" Eu respondi que a graça que eles achavam naquela música era essa junção de ser caipira e futurista, que não acreditava que eles pudessem mudar, mas que ia perguntar. Aí cheguei em casa e liguei para eles. "Você está louco! É claro que a gente vai cantar caipira!". Daí telefonei para o Augusto e disse que ele podia ficar sossegado...

Eu estava na Bahia na época que o Gil e Caetano fizeram o show de despedida no Teatro Castro Alves, antes de serem exilados na Europa. Foi no dia 20 de julho de 1969, exatamente quando o homem foi pisar na lua. Eu não pude ver na televisão porque eu tinha que entrar no show de despedida deles. Eu não podia largar os meninos para ver o homem na lua. Mas eu era um apaixonado por essas histórias de viagem espacial.

Quando o homem chegou à lua, eu descobri uma coisa interessante sobre essa relação moçárabe do nordeste. E desde então me interessei e estudo tudo que eu posso sobre a cultura árabe. Eu sempre fui apaixonado por viagens espaciais, e um dia, lendo uma entrevista do escritor de ficção científica Arthur Clarke, que sempre escrevia sobre viagens interplanetárias — aliás, é dele o livro que foi adaptado pelo Kubrick em 2001. Ele é um físico formado, então o que ele escreve tem bastante base científica. E daí, numa entrevista da época, ele disse que o homem estava quase chegando à Lua e que isso era porque a invasão árabe na Península Ibérica não conseguiu avançar para a Europa toda. Porque o rei Charles Martel, naquela batalha famosa de Poitiers, de 732 DC, impediu que as forças árabes passassem pelo estreito para a França. Os árabes daí desistiram e ficaram só com a Península Ibérica. E então os portugueses foram civilizados pelo povo mais inteligente do mundo daquele tempo. Porque os cristãos eram uns bárbaros que tinham vencido todos os grandes reinados, inclusive Roma. Os bárbaros cristãos acabaram com tudo, era um quase total analfabetismo na Europa. E o Arthur Clarke disse o seguinte: "como eles ficaram só ali na Península Ibérica, a gente está indo agora à Lua. Se os árabes tivessem conquistado para a Europa toda, a gente agora estaria indo às estrelas mais próximas". Ora, eu sabia a diferença! E fiquei espantadíssimo.

Quando eu li essa história que a Europa, se tivesse sido dominada pelo povo mais inteligente do mundo naquela época, que tinham inventado o zero, estaria muito mais avançada, eu disse: "Meu Deus, o zero só apareceu no século VII? Como assim? A civilização babilônica, a civilização grega, a civilização romana, como é que faziam prédios sem zero? Como é que os arquitetos trabalhavam?" Porque foram os árabes antigos, assim como os hindus, que primeiro criaram a representação numérica do zero. Eu fiquei assombrado. Isso também foi Arthur Clarke que falou naquela entrevista. E eu comecei a estudar tudo sobre os árabes.

Por exemplo, em Portugal, quando você vai fazer um show numa cidade pequena, eles o recebem muito bem.

E eles sempre convidam você para ir ver um ou dois prédios que foram construídos pelos árabes. É um tesouro deles Ainda hoje, em Barcelona, Madrid, Lisboa, que tem bairros e bairros construídos pelos árabes, o ponto alto das construções ainda é o árabe. Se o cara da cidade leva você para ver um prédio lá, pode ter certeza que foram os árabes que construíram. Arquitetura árabe, aí que entrou o zero...

Como foi ganhar o prêmio do Festival com "São São Paulo, Meu Amor"?

"São São Paulo Meu Amor" é um misto de sátira com aquelas canções sobre grandes cidades, como é "New York, New York", do Frank Sinatra. Eu fiz ela porque naquele tempo falar mal de São Paulo era moda, era quase uma qualidade do povo artístico. E eu reparei que por mais que falassem mal, aquelas pessoas aqui ficavam, aqui ganhavam a vida. E decidi fazer essa oposição. E peguei as frases que eles diziam, "São Paulo é a solidão aglomerada", e adaptei na letra. Agora, o Festival da Record também foi malandriado. Sérgio Ricardo chegou lá e socializou o Festival. Ele convenceu todo mundo a dividir o prêmio entre os primeiros lugares. No Festival anterior, quem ganhou foi o Capinam e o Edu Lobo, e cada um levou para a casa metade do prêmio. No meu, eu só levei uma parte, bem menor, porque tivemos que dividir. E, pior, só recebi metade do que deveria ser pago, porque a parte da prefeitura nunca veio, só a da TV Record. O que já era um bom dinheiro, porque eu lembro que fiz a conta e com o que a TV Record me pagou dava para comprar dois fuscas. Eu ganhei o prêmio, mas a música não vendeu. Depois, eu tive duas músicas que fizeram sucesso, "Jeitinho Dela", de 1969, e "Se o Caso é Chorar", de 1972. Fizeram sucesso no Brasil todo, entraram nas paradas de sucesso. Eu ia tocar no Silvio Santos, ia tocar no Chacrinha.

Mas depois eu fiz o disco *Todos os Olhos*, e aquilo me tirou de circulação. Eu pensava que era pelas dedicatórias que eu fazia para o pessoal do rádio, "obrigado por ter me sustentado no tempo que eu fazia coisas fracas", mas não sei se foi por isso. O disco também trazia mais brincadeiras minhas, mais experiências. Mas tinha também uma música como "Augusta, Angélica e Consolação", que poderia fazer algum sucesso. Essa música eu fiz em homenagem ao Adorinam Barbosa e de certa forma aos Demônios da Garoa. Eu era fã do Adorinam quando jovem, não podia imaginar que um dia iria conhecê-lo. Seja como for, eu sai de circulação.

Foi um período longo em que eu não conseguia atingir o público. Mas é interessante que anos depois, os discos que eu produzi naquele tempo viraram cult e começaram a ser reconhecidos no exterior, exatamente pelo tom inventivo que dificultava eles na época. Mas eu nem saberia fazer diferente. Eu lembro que em 1975, quando eu participei da montagem do *Rock Horror Show*, dirigido pelo Rubens Corrêa, eu fazia o Riff Raff, o Guilherme Araújo me procurou e disse: "Por que você não faz música caipira?" Música caipira ainda não era esse estouro generalizado, era uma coisa que começava a despontar. Mas eu falei: "Puxa, se eu pudesse fazer e pudesse ganhar dinheiro com isso seria bom, mas não sei fazer música caipira."

Falando em experiências, como foi que você começou a inventar instrumentos?

Foi por acaso. Um dia a Neusa, minha mulher, me deu uma enceradeira e disse que era para eu levar para consertar. Eu perguntei qual era o problema e ela falou: "Ligue para ver". Aí eu liguei, e a enceradeira parava imediatamente e fazia um barulho: "pã". Parecia um instrumento. Daí eu peguei outra enceradeira que tinha em casa e comecei a colocar algodão, esparadrapo, fio de vassoura, e no fim a enceradeira deu o mesmo defeito. Na época eu tinha algum dinheiro, porque eu tinha vendido uma casa de praia em São Sebastião. Aquela foi a rebarba, o último dinheiro das músicas que fizeram sucesso no começo dos anos 1970. E quando eu fiquei com aquelas duas enceradeiras, eu convenci a Neusa a pegar o dinheiro da venda da casa para construir uns instrumentos. Nesse afã, eu comecei a desenvolver instrumentos, como o enceroscópio e o buzinório.

Na época, eu conheci o Roberto Maia, que estudava eletrônica. Ele ouviu falar que eu estava pesquisando novos instrumentos e ficou meu amigo. Eu decidi mostrar para ele o que estava fazendo, montei as duas enceradeiras e duas caixas, que era tudo o que eu tinha, e toquei elas, fazendo uma percussão com a mão. Fiz algumas variações e olhei para a cara dele, esperando que estivesse com aquela expressão de "que porra é essa?" Mas não, ele estava quase chorando. Estava com os olhos mareados. Aí percebi que isso era muito importante para a juventude. Ele era um moleque, ainda muito jovem. E comecei a experimentar mais coisas, foram surgindo novas ideias.

O instrumento de buzinas foi o que me fez descobrir aquela rua onde vende todo tipo de material eletrônico, a Santa Ifigênia, no centro de São Paulo. A gente não sabe fazer uma estação orbital, mas se soubesse, era só ir lá mandar fazer as peças que eles fazem de tudo, já entregam pronto. O instrumento é feito por oito buzinas. Eu pegava um acumulador de carro e ligava. Aí, quando tocava o teclado, uma buzina de vez em quando tocava, outras vezes não. E eu não sabia como resolver. Daí, falei com o sócio do Rogério Duprat e ele me disse que eu precisava resolver o transformador. Pegar um de 120 volts e pedir para reduzir para 48 volts. Eu fui lá e encomendei. E eles entregaram. Então eu cheguei à conclusão que você pode pedir qualquer coisa naquela rua. E realmente funcionou, tenho essa peça até hoje. O instrumento não toca mais, até porque é de buzina de verdade, e se tocar aqui, o prédio inteiro vem na mesma hora reclamar, porque o som é barra pesada.

Mas nós adaptamos para um instrumento bem menor feito daquela madeira que é usada para fazer flauta. Ficou mais leve. Eu conheci um alemão que ficou próximo da gente, que era técnico de som. Uma vez eu fui gravar e ele estava no estúdio. Eu aí, falei: "Marcelo, você é da terra onde todo mundo gosta de ciências químicas e físicas, né? Então como é que eu faço pra essas buzinas não serem esse escândalo?". E expliquei que quando uma buzina dispara de noite, ela é um escândalo, PÉM-PÉM, mas de manhã já está mais leve, pém-pém. E eu queria essa buzina mais leve. Ele lutou e conseguiu, tanto que agora o instrumento das buzinas é completamente diferente. Tem as buzinas, mas elas tocam baixinho ou mais alto, ou menos alto. Tem música que eu gravei com esse instrumento no disco Canções Eróticas de Ninar. Tem uma peça que a introdução é só com as buzinas.

*Entre meados da década de 1970
e fim da década de 1980, você viveu
um período de menor repercussão
dos seus trabalhos, embora tenha
criado obras importantíssimas
e que hoje são reconhecidas
como referências para a música
brasileira. Como você vê isso?*

Olha, foi essa capa do *Estudando o Samba* que eu mostrei no começo da nossa conversa que me tirou do ostracismo. Fui eu que falei que queria corda e arame farpado na capa. Eu também não tinha ideia de como fazer, daí fui numa loja de material de construção e comprei. O cara da gravadora não ia comprar porque não tinha dinheiro para gastar com o meu disco. E então eu tive a ideia de fazer uma coisa que depois eu ia chamar de rodapé, com a imagem na parte baixa da capa, em alto contraste. E eu dizia o seguinte: a palavra samba com corda e arame farpado significa que ele é cuidado por um povo que não deixa o samba sair das amarras do que eles dizem que é. O samba vive chefiado, protegido pelos intelectuais sambistas. E, realmente, quando o disco saiu, não teve crítica, não tocou em lugar nenhum. Não foi nada. Teve até um cara do samba "de verdade" que esculhambou o disco e disse: "Podia ter estudado mais".

Mas daí, mais de 10 anos depois, o David Byrne, que foi cantor do Talking Heads, veio lançar o filme dele no Festival de Cinema do Rio. Era um filme chamado True Histories. Como ele não tinha nada o que fazer no Rio, foi dar uma volta e ver uns sebos de discos. E de repente ele viu esse disco, com a palavra "samba" na capa, mas com corda e arame farpado ao invés de uma mulata de biquini e uma praia, e ficou interessado. Comprou e jogou na mala. Quando chegou em Nova York, ele pegou o disco e botou para ouvir. Quando o disco começou a tocar, ele ficou assombrado. Aí telefonou para o Arto Lindsay, do Ambitious Lovers, que tinha morado em Pernambuco na infância e acompanhado a Tropicália, e perguntou quem era esse tal de Tom Zé. E disse que queria vir me conhecer.

É engraçado porque nessa hora eu não podia telefonar para ninguém, porque ninguém me atendia. "É o Tom Zé que quer falar? Não, ele não está." Se eu queria dizer alguma coisa para uma pessoa, eu mandava telegrama, que daí a pessoa lia. Naquele momento, eu tinha desistido da música, estava decidido a trabalhar como frentista num posto de gasolina na Bahia. Mas daí o David Byrne veio para cá e me encontrou. O Duncan Lindsay, irmão do Arto, devia nos acompanhar, mas ele saiu de fininho atrás de uma amiga e nos deixou sozinhos. Eu não falava nada de inglês e nem sabia se a Neusa falava. Mas ela disse para a gente ir lá pelo menos falar com o David Byrne, para não ficar uma situação estranha. Daí a Neusa passou a noite traduzindo a mim e a ele. E ele disse que tinha escutado o Estudando o Samba.

Eu fiz a capa desse disco como uma armadilha, que podia fisgar ou não as pessoas. E ele foi pego pela isca. E daí eu dei outros dois discos para ele, *Todos os Olhos* e *Nave Maria*, e uma fita com meus experimentos com instrumentos que eu criava. E acabou que "Nave Maria" foi uma das duas músicas minhas que entraram na lista da Pitchfork, que escolheu as 200 músicas mais importantes dos anos 1980. Não sei como cheguei lá, porque não tenho gravadora grande nem nada para divulgar meu trabalho no exterior. É interessante, que na crônica que fizeram em torno da música, disseram: "Se você está pensando que precisa saber português para entender a música, não é verdade. A música é feita numa linguagem universal". Porque é feita muito na base dos sons: "Dudu bidu bidu bidu bi / Mama Água / Dudu bidu bidu bi / papá dá dá-á"...

Esse disco é posterior
ao Estudando o Samba, não é?

Sim, é de 1984. O Cesare Benvenuti era diretor da Continental naquele tempo. E ele saiu da gravadora e decidiu trabalhar com independentes. Tinha tanta gente querendo lançar disco independente que ele se oferecia como encaminhador, ajudava nos contatos com as fábricas de vinil, com a imprensa... Tanto que eu fui empregado dele, fazendo release de discos no início. Com uma coisa gozada: ninguém aceitou nenhum release que eu fiz. Porque eu escrevia tudo muito conciso. Você tem que escrever pouquíssimo para ser lido. Se escrever muito, ninguém lê. Mas o Cesare foi muito amigo e me ajudou a lançar o *Nave Maria.*

Depois da redescoberta pelo David Byrne, você retomou sua carreira e não só pode lançar uma série de discos, com excelente repercussão, como conquistou um público jovem. Como você vê isso?

O David Byrne realmente salvou minha vida, porque o ostracismo, o ser ignorado, é uma coisa muito dolorida, é uma coisa que quase que lhe adoece e lhe mata. Sem o menor "charme", dizendo de verdade mesmo: eu era uma pessoa muito triste, largando minha profissão. Eu estava magro, seco, acabado. Pensei em abandonar São Paulo, abandonar a música e tomar conta de um posto de gasolina em Irará. Precisava trabalhar e ganhar algum dinheiro para comer. Então essa descoberta dele foi fundamental.

Depois, ele produziu dois discos meus pela sua gravadora, a Luaka Bop: *The Best Of*, uma coletânea que apresentou para o público internacional a minha música, e um disco de inéditas, *Hips of Tradition*. Isso abriu todo um público novo e revitalizou a minha carreira musical. De repente, eu descobri que havia muita gente jovem ouvindo a minha música. Foi uma felicidade. Não só no Brasil. Quando fizeram um disco de remixes das músicas do *Com Defeito de Fabricação*, participaram músicos internacionais, como o Sean Lennon e o High Llamas. E daí eu pude recomeçar a produzir coisas novas, fiz uma série de discos, o próprio *Com Defeito de Fabricação, Jogos de Armar, Pirulito da Ciência*... E ainda fui chamado para projetos especiais, como duas trilhas sonoras para coreografia do Grupo Corpo, *Parabelo* e *Santagustin*. E continuo produzindo...

**Você está com 83 anos,
como é essa rotina de criação?**

Minha inspiração até hoje me acorda por volta das quatro da manhã. Quando vem às três, digo que ela está com fuso horário de outro país. Inspiração não, trabalhação! De vez em quando, no meio da trabalhação, vem uma ideia melhor, um polimento. Trabalho com a cabeça 24 horas por dia.

Eu tive grandes brigas na minha vida, mas também grandes parcerias. E a maior de todas, certamente, é a Neusa, minha mulher, que é quase um anjo da guarda. A nossa história começou em 1971, quando ela veio acompanhar uma matéria no Teatro Oficina, do Zé Celso, e parece que de cara se encantou comigo. Nos aproximamos e estamos casados desde então. Ela é culta, ela que sabe das coisas aqui em casa. Toda hora estou perguntando para ela algo. Sem ela não conseguiria fazer tudo o que faço.

E tem também o trabalho manual, que muito me ajuda, no jardim do prédio onde morava. Esse jardim é famoso, deu muita mídia. Uma vez, o Washington Olivetto me perguntou se o Cartola estava certo ao dizer que as rosas não falam. Eu trabalhei com ele na Agência DPZ, no final dos anos 1970. E eu respondi que as rosas não dizem uma palavra, elas cantam. Dizem que as árvores são parentes próximas dos homens, só que elas estão na fase em que o homem só cantava! Esse trabalho como jardineiro sempre me trouxe muita felicidade.

CRONOLOGIA

1936

Nasce em Irará (Recôncavo Baiano), a 11 de outubro, Antônio José Santana Martins. Filho de um comerciante que prosperara por conta de um bilhete de loteria premiado e uma moça de família tradicional e politizada.

1949

Principia o ginasial em Salvador.

1954

Começa a se interessar por música ao ver o amigo Ricardo Martins tocando violão. Compra um violão e compõe suas primeiras canções, no mais dos casos acerca de personagens de sua cidade.

1960

Primeira aparição na Televisão Baiana. No programa "Escada Para o Sucesso" (TV Itapoã – Salvador), canta uma composição própria chamada "Rampa Para o Fracasso" e é elogiado pelo júri devido à sua criatividade e personalidade. A partir daí, começa a se apresentar na televisão com alguma regularidade e acaba entrando em contato Caetano e Gil.

1962

Começa a estudar música na Universidade Federal da Bahia durante a gestão de Edgard Santos. Passa no vestibular em primeiro lugar e convive com grandes professores, como Widmer, Smetak e Koellreuter.

1964

Em companhia de Caetano, Bethânia, Gil e Gal Costa, toma parte nos shows *Nós, Por Exemplo* e *"Nova Bossa Velha, Velha Bossa Nova"*, no Teatro Castro Alves.

1965

Viaja a São Paulo, onde participa do espetáculo *Arena Canta Bahia*, de Augusto Boal. A "invasão baiana"

começa a repercutir, de modo que todos são contratados
pela RCA-Victor, por onde lançam os compactos que
serão eventualmente coligidos no LP *Eu Vim da Bahia*.

1968 Findo o curso universitário, é convidado por Caetano
a instalar-se definitivamente em São Paulo, onde toma
parte nas gravações do antológico LP *Tropicália, ou
Panis et Circensis*. Logo em seguida, ganha o IV Festival
da Música Popular Brasileira, da TV Record, com a
canção "São, São Paulo". O sucesso possibilita-lhe a
gravação do primeiro LP individual, *Grande Liquidação*.

1969 Caetano e Gil partem para o exílio. Apresenta-
se em companhia de Gal Costa no show
O Som Livre de Tom Zé e Gal Costa.

1970-1972 Neste período, Tom Zé lança dois discos, ambos
chamados *Tom Zé* (o de 1972 é relançado em 1984
com o título *Se o Caso é Chorar*). Casa-se com Neusa,
até hoje sua esposa e empresária. Funda a Escola
de Música Sofisti-Balacobaco (Muito Som e Pouco
Papo), na região dos Jardins, que fecha dois anos
depois. Várias das canções no LP de 1970 foram
compostas em parceria com então alunos.

1973 Lança o LP *Todos os Olhos*, cuja capa (idealizada
por Décio Pignatari) deveria trazer o retrato
de uma bola de gude no ânus de uma modelo
(segundo o fotógrafo Reinaldo Moraes, no fim são
os lábios da modelo que aparecem na capa), fato
que passa despercebido pela censura. O disco
não é recebido calorosamente pelo público.

1976   Lança *Estudando o Samba*, disco ainda mais inovador que *Todos os Olhos* e que – à época – não fisga o grande público. A partir desse disco, Tom Zé começa a se interessar cada vez mais por sonoridades alternativas, fabricando instrumentos com eletro-eletrônicos como enceradeiras e liquidificadores.

1977   Começa a trabalhar como redator na agência de publicidade DPZ, de Washington Olivetto, e faz apresentações no circuito universitário.

1978   Lança o LP *Correio da Estação do Brás* e é dispensando da Continental. Dois anos depois, vende uma casa de praia para poder custear seu trabalho com instrumentos alternativos.

1984   *Nave Maria*, único disco lançado por Tom Zé durante a década de 1980, também não granjeia a atenção do grande público, e as dificuldades financeiras se agravam.

1990   Tom Zé decide voltar para Irará e trabalhar no posto de gasolina de um primo seu. É neste momento que descobre o interesse de David Byrne (ex-membro do conjunto Talking Heads) por sua obra. Depois de um primeiro contato, Tom Zé torna-se o primeiro artista a assinar com a Luaka Bop, selo que Byrne acabara de fundar nos EUA. Neste mesmo ano sai *The Best of Tom Zé*, antologia selecionada por Byrne e distribuída internacionalmente. A carreira de Tom Zé ganha renovado impulso, marcadamente por conta de elogios na imprensa estrangeira. Começa a excursionar pelo exterior.

1992 Lança, novamente pelo selo Luaka Bop (e distribuição da Warner), um disco de canções inéditas chamado *The Hips of Tradition*. Apresenta-se no MOMA, em Nova York.

1998 Lança *Com Defeito de Fabricação*, distribuído nacionalmente pela Trama. Com esse disco, começa efetivamente a reconquista do público brasileiro.

1999 *The Best of Tom Zé* é eleito pela revista Rolling Stone como um dos melhores discos da década. Tom Zé empreende turnê americana com o grupo Tortoise, o que amplia ainda mais seu público lá fora.

2000 Lançamento do disco duplo *Jogos de Armar (Faça Você Mesmo)*, no qual emprega alguns de seus mais inovadores instrumentos: Orquestra de Hertz, Enceroscópio e Buzinório.

2003 Publica *Tropicalista Lenta Luta* pela editora Publifolha. O livro é uma recolha de ensaios, letras e crônicas, além de uma longa entrevista concedida a Luiz Tati e Artur Nestrovski. Lança mais um disco de composições inéditas, "*Imprensa Cantada*".

2005 Lançamento do disco *Estudando o Pagode*.

2007 Estreia do documentário *Fabricando Tom Zé*, dirigido por Decio Matos Jr.

2008 Lançamento do disco *Estudando a Bossa*.

2010   Lançamento do DVD e disco *O Pirulito da Ciência*.

2012   Lançamento do disco *Tropicália Lixo Lógico*. O qual
lida com mais proximidade da sua própria trajetória,
fazendo uma releitura crítica do tropicalismo
e da sua presença dentro do movimento

2013   Participa de um comercial da Coca-Cola, o que
gera polêmica com seus fãs, a qual Tom Zé
responde com a canção 'Tribunal do Facibuqui".

2016   Ao completar 80 anos, lança o disco *Canções Eróticas
de Ninar*. Considerando o momento de retração
social com a volta de uma postura conservadora em
comportamento e política, Tom Zé cria o projeto como
forma de protesto. O álbum carrega uma temática sexual
através da sua própria experiência de infância.

2022   Lançamento do disco *Língua Brasileira*. Desenvolvido
a partir de um convite do dramaturgo Felipe Hirsch,
na intenção de um espetáculo com base em suas
músicas. Adiado por dois anos por conta pandemia,
o projeto tomou corpo em um disco reflexivo
perante a linguagem e as origens de nosso país.

REFERÊNCIAS BIOGRÁFICAS

Adoniran Barbosa
(1910-1982) Nome artístico de João Rubinato. Compositor, cantor, comediante e ator paulista.

Ale Siqueira
(1972) Produtor musical paulista. Em 2009, ganhou o Grammy Latino com o disco "Gracias" de Omara Portuondo. Em 2015, ganhou o Prêmio da Música Brasileira com o disco "As Ganhadeiras de Itapuã" do grupo Ganhadeiras de Itapuã na categoria de Melhor Álbum.

Ambitious Lovers
Dupla musical formada em Nova Iorque (1983), a qual permaneceu ativa até o início dos anos 1990. Composta pelo cantor e guitarrista Arto Lindsay e pelo tecladista Peter Scherer. Sua música incorporou elementos da música brasileira e do funk.

André Abujamra
(1965) Cantor, compositor, multi-instrumentista e ator paulistano. Montou a banda Os Mulheres Negras junto com Maurício Pereira na década de 1980.

Antônio Carlos e Jocafi
Dupla de cantores e compositores baianos formada em 1969 no Festival Internacional da Canção. Seus nomes verdadeiros são Antônio Carlos Marques Pinto e José Carlos Figueiredo.

Antonio Conselheiro
(1830-1897) Líder religioso cearense, se denominava como "O peregrino". Liderou o arraial de Canudos, na Bahia, numa proposta messiânica que atraiu milhares de pessoas, entre sertanejos e escravos recém-libertos. O arraial foi destituído pelo exército brasileiro na Guerra de Canudos, de 1897, que foi documentada no livro *Os Sertões*, de Euclides da Cunha.

Antonio Risério
(1953) Antropólogo, poeta, ensaísta e historiador baiano. Autor de importantes estudos sobre literatura ameríndia e afrobrasileira, além de um livro seminal sobre o ressurgimento dos blocos de afoxé na década de 1970.

Antonio Vivaldi
(1678-1741) Compositor italiano e músico do estilo barroco.

Aristóteles
(384 a.C – 322 a.C) Filósofo e polímata da Grécia Antiga. Ao lado de Platão, de quem foi discípulo na Academia, foi um dos pensadores mais influentes da história da civilização ocidental.

Arthur Clarke
(1917-2008) Escritor e inventor britânico radicado no Sri Lanka.

Arthur Nestrovski
(1959) Compositor, violonista, crítico musical, escritor e editor gaúcho.

Arto Lindsay
(1953) Cantor, guitarrista, produtor musical e compositor estadunidense.

Ary Barroso
(1903-1964) Compositor mineiro, figura fundamental na música popular brasileira. Suas composições incluem "Na Baixa do Sapateiro", "No Tabuleiro da Baiana" e "Aquarela do Brasil", com a qual inaugurou o gênero conhecido como samba-exaltação. Foi indicado ao Oscar por sua canção "Rio de Janeiro", composta para o filme *Brasil* (1944, Joseph Stanley).

Augusto Boal
(1931-2009) Dramaturgo e diretor teatral carioca, criador do Teatro do Oprimido. Dirigiu importantes espetáculos do Teatro de Arena, como Arena Canta Zumbi (1964) e Arena Canta Bahia (1965).

Augusto de Campos
(1931) Poeta, ensaísta e tradutor paulista. Um dos criadores da poesia concreta junto a Haroldo de Campos e Décio Pignatari.

Baby Consuelo
(1952) Bernardete Dinorah de Carvalho Cidade, mais conhecida como Baby do Brasil ou Baby Consuelo, é uma cantora fluminense, famosa pela sua participação no conjunto musical Novos Baianos.

Bertolt Brecht
(1898-1956) Dramaturgo, poeta e encenador alemão.

Buckminster Fuller
(1895-1983) Designer, arquiteto, inventor e escritor estadunidense.

Caetano Galindo
(1973) Escritor, tradutor e professor paranaense. Doutor em linguística pela USP (Universidade de São Paulo). Desde 1998, é professor de história da língua portuguesa na UFPR (Universidade Federal do Paraná).

Caetano Veloso
(1942) Músico baiano, considerado um dos maiores artistas brasileiros. Foi um dos criadores da Tropicália. Escreveu o livro *Verdade Tropical* (1997), um poderoso ensaio sobre a cultura brasileira.

Camargo Guarnieri
(1907-1993) Compositor e maestro paulista.

Carlinhos Veiga
(1963) Nome artístico de Carlos da Veiga Feitoza. Arranjador de música popular brasileira, cantor, compositor, multi-instrumentista goianiense. Conhecido por ter sido um dos fundadores e ex-integrante da banda Expresso Luz.

Carlos Nelson Coutinho
(1943-2012) Filósofo político, ensaísta e tradutor baiano.

Carlos Rennó
(1956) Compositor e escritor paulista.

Cartola
(1908-1980) Nome artístico de Angenor de Oliveira. Cantor e compositor carioca, considerado um dos maiores sambistas da história. Também foi um dos fundadores da Escola de Samba da Mangueira.

Chacrinha
(1917-1988) José Abelardo Barbosa de Medeiros, mais conhecido como Chacrinha, foi um comunicador pernambucano de rádio e televisão, apresentador de programas de auditório de grande sucesso das décadas de 1950 a 1980.

Charles Gavin
(1960) Músico, produtor musical e apresentador paulistano. Foi baterista dos Titãs de 1985 até 2010.

Charles Sanders Peirce
(1839-1914) Filósofo, pedagogista, cientista, linguista e matemático estadunidense. Foi um dos fundadores do pragmatismo junto de William James e John Dewey.

Chico Buarque
(1944) Cantor e compositor carioca, considerado um dos maiores artistas brasileiros. Sua carreira tem sido marcada por canções líricas e políticas. Além de músico, é um romancista premiado.

Chiquinho de Moraes
(1937) Músico, arranjador, pianista e maestro paulista.

Chitãozinho & Xororó
Dupla sertaneja formada no Paraná (1969) pelos irmãos José Lima Sobrinho e Durval de Lima. Recordistas em venda de discos no Brasil, venderam mais de 40 milhões de álbuns e ganharam cinco prêmios Grammy Latino.

Criolo
(1975) Nome artístico de Kleber Cavalcante Gomes. Cantor, rapper, compositor e ator paulistano.

Damiano Cozzela
(1929-2018) Compositor, maestro e arranjador carioca. Foi um dos signatários do Manifesto Música Nova, junto de Rogério Duprat, Júlio Medaglia e Gilberto Mendes, entre outros. Também foi um dos importantes arranjadores da Tropicália.

Daniel Ganjaman
(1978) Nome artístico de Daniel Sanches Takara. Produtor musical, engenheiro de áudio e músico paulista.

Participou do grupo Planet Hemp entre 1999 e 2000. É conhecido por trabalhos com Sabotage, Criolo, BaianaSystem, entre outros, tendo quatro projetos indicados ao Grammy Latino.

Darcy Ribeiro
(1922-1997) Ex-ministro da Educação do Brasil, antropólogo, historiador, sociólogo, escritor, político mineiro. Filiado ao Partido Democrático Trabalhista, foi conhecido pelo foco em relação aos indígenas e à educação no país.

David Byrne
(1952) Músico, compositor e produtor musical escocês. Conhecido por ter fundado a banda Talking Heads em 1974.

Décio Pignatari
(1927-2012) Poeta e publicitário paulista. Um dos grandes nomes do movimento da poesia concreta nos anos 1950.

Demônios da Garoa
Banda brasileira de samba formada em São Paulo (1943). Composta por Sérgio Rosa, Ricardo Rosa (Ricardinho), Dedé Paraizo, Everson Pessoa, entre outros.

Djalma Dias
(1938-2021) Nome artístico de Moacir Batista Lucas. Cantor paulista que lançou Djavan como compositor, até então desconhecido, gravando a música "Desgruda" no LP editado em 1973.

Dolores Duran
(1930-1959) Nome artístico de Adiléia Silva da Rocha. Cantora, compositora e instrumentista fluminense.

Edgard Santos
(1894-1962) Reitor baiano da UFBA (Universidade Federal da Bahia).

Eduardo Navarro
(1962) Filólogo e lexicógrafo paulista, especialista em tupi antigo e nheengatu. Atualmente, é professor catedrático da USP (Universidade de São Paulo).

Edu Lobo
(1943) Compositor, arranjador e guitarrista carioca. Suas composições incluem canções que escreveu junto de Vinicius de Moraes e Chico Buarque.

Edson Cordeiro
(1967) Contratenor paulista.

Elton Medeiros
(1930-2019) Compositor, cantor e radialista carioca. Considerado um dos grandes nomes do samba da sua geração.

Emicida
(1985) Nome artístico de Leandro Roque de Oliveira. Rapper, cantor, compositor, compositor e apresenta-

dor paulistano. Considerado uma das maiores revelações do hip hop no Brasil da década de 2000.

Ernst Widmer
(1927-1990) Compositor, regente, pianista, professor e pedagogo musical suíço-brasileiro.

Eros Martim Gonçalves
(1919-1973) Diretor teatral, cenógrafo, pintor, ilustrador, desenhista, escritor e professor pernambucano.

Euclides da Cunha
(1866-1909) Escritor e jornalista fluminense. Foi um analista das práticas sociais, ganhou destaque com sua obra *Os Sertões*, um relato contundente sobre a Guerra de Canudos, ocorrida em 1897 no sertão da Bahia.

Federico Garcia Lorca
(1898-1936) Poeta e dramaturgo espanhol. Sua poesia foi a mais influente e popular na literatura espanhola do século XX.

Felipe Hirsch
(1972) Diretor carioca de teatro e cinema. Em 2008, ganhou o Grammy Latino na categoria de Melhor Vídeo Musical em Formato Longo.

Filarmônica de Pasárgada
Grupo formado em 2008 por alunos repetentes do curso de música da USP (Universidade de São Paulo) com o objetivo de interpretar as canções de Marcelo Segreto.

Francesc Petit
(1934-2013) Publicitário e pintor catalão naturalizado brasileiro.

Frédéric Chopin
(1810-1849) Pianista polonês radicado na França, também foi compositor da era romântica.

Gal Costa
(1945-2022) Nome artístico de Maria das Graças. Cantora baiana, sua carreira foi marcada pela relação com o grupo de compositores que surgiu em Salvador nos anos 1960. Foi uma das expoentes da Tropicália.

Geraldo Azevedo
(1945) Compositor, cantor e violonista pernambucano.

Getúlio Vargas
(1882-1954) Político e advogado gaúcho. Foi presidente do Brasil entre 1930 e 1945, e eleito novamente em 1951 quando liderou a ditadura do Estado Novo.

Gianfrancesco Guarnieri
(1934-2006) Dramaturgo, diretor, ator e poeta italiano naturalizado brasileiro. Foi um artista de destaque no Teatro de Arena de São Paulo com sua importante obra Eles Não Usam Black-Tie.

Gilberto Gil
(1942) Cantor e compositor baiano. Exerceu o cargo de ministro da Cultura entre 2003 e 2008. Foi um dos precursores da Tropicália, considerado um dos mais emblemáticos músicos do Brasil.

Gilberto Mendes
(1922-2016) Professor universitário, autor de livros e artigos sobre música, compositor paulista, um dos principais nomes da música contemporânea brasileira de vanguarda. Signatário do Manifesto Música Nova de 1963 e pioneiro em música aleatória e música concreta no Brasil.

Glauber Rocha
(1939-1981) Cineasta baiano, considerado o grande realizador do Cinema Novo.

Gordurinha
(1922-1969) Nome artístico de Waldeck Artur de Macedo. Compositor, cantor, humorista e radialista baiano.

Grupo Capote
Conjunto musical brasileiro que esteve em atividade durante a década de 1970. Criado pelo cantor e compositor Odair Cabeça de Poeta. Ocasionalmente, tocava em parceria com Tom Zé.

Grupo Corpo
Companhia de dança contemporânea brasileira de renome internacional fundada em Belo Horizonte, Minas Gerais (1975). Criada por Paulo Pederneiras, Rodrigo Pederneiras, Marisa Perderneiras e Izabel.

Grupo Música Viva
Grupo ou movimento musical brasileiro iniciado no Rio de Janeiro em 1939, sob liderança de Hans-Joachim Koellreutter.

Guilherme Araújo
(1936-2007) Produtor carioca. Trabalhou com Gal Costa, Gilberto Gil e Caetano Veloso.

Gustave Courbert
(1819-1877) Pintor francês pioneiro do estilo realista francês.

Hans-Joachim Koellreutter
(1915-2005) Compositor e musicólogo alemão, cidadão brasileiro naturalizado. Esteve envolvido na fundação da Escola Livre de Música de São Paulo (1952) e da Escola de Música da Universidade Federal da Bahia (1954). Foi um dos nomes mais influentes na vida musical do país.

Haroldo de Campos
(1929-2003) Poeta e tradutor paulistano.

Hector Lagna Fietta
(1913-1994) Músico paulistano.

Hélio Oiticica
(1937-1980) Artista visual carioca. Foi um dos expoentes do neoconcretismo e pioneiro da arte ambiental. Criou o penetrável Tropicália em 1966.

Heraldo do Monte
(1935) Compositor, arranjador e instrumentista pernambucano. É de grande importância histórica na música instrumental brasileira.

High Llamas
Banda de avant-pop anglo-irlandesa formada em Londres por volta de 1991. Fundada pelo cantor e compositor Sean O'Hagan com o baterista Rob Allum e Jon Fell (ex-baixista do Microdisney).

Jackson do Pandeiro
(1919-1982) Cantor, compositor e multi-instrumentista paraibano.

Jair Oliveira
(1975) Cantor, compositor e produtor musical paulistano.

Jards Macalé
(1943) Nome artístico de Jards Anet da Silva. Cantor, compositor e ator carioca.

João Araújo
(1935-2013) Produtor musical e empresário carioca, fundador da gravadora Som Livre. Pai do cantor e compositor Cazuza.

João do Vale
(1934-1996) Cantor e compositor maranhense.

João Gilberto
(1931-2019) Cantor, compositor e violonista baiano. Considerado um dos criadores da bossa nova.

João Guimarães Rosa
(1908-1967) Poeta, diplomata, novelista, romancista, contista e médico mineiro. Considerado um dos maiores escritores de todos os tempos.

João Marcello Bôscoli
(1970) Produtor musical e empresário carioca. Filho da cantora Elis Regina e do compositor Ronaldo Bôscoli.

Johannes Gutenberg
(1396-1468) Inventor alemão. Foi o primeiro a usar a prensa e os tipos móveis de metal, invenções que revolucionaram a técnica de impressão.

Johann Sebastian Bach
(1685-1750) Compositor, cravista, regente, organista, violinista, violista e professor alemão. Um dos mais emblemáticos nomes da música clássica.

John Cage
(1912-1992) Compositor, teórico musical, escritor e artista estadunidense. Pioneiro da música aleatória e eletroacústica, considerado uma das figuras chave nas vanguardas artísticas do pós-guerra.

Jorge Mautner
(1941) Cantor, compositor e escritor carioca. Lançou o livro *Mitologia do Kaos* (2002).

José Agrippino de Paula
(1937-2007) Escritor paulistano. Seu livro *PanAmérica* foi destacado como obra fundamental para o desenvolvimento do movimento tropicalista.

José Briamonte
(1931) Instrumentista e compositor paulistano.

José Carlos Capinan
(1941) Poeta e letrista baiano. Participou ativamente do movimento tropicalista, escrevendo letras de músicas para vários de seus membros.

José Miguel Wisnik
(1948) Músico paulista, compositor, ensaísta e doutor em Literatura. Um estudioso da música e literatura popular brasileira. Entre muitos outros projetos de destaque, foi diretor de arte do álbum *Do Coccix Até o Pescoço* de Elza Soares.

Juca Chaves
(1938) Músico, compositor e humorista carioca.

Júlio Medaglia
(1938) Maestro e arranjador paulista, um dos criadores do Manifesto Música Nova em 1961. Foi aluno de Pirre Boulez e Stockhausen.

Kiko Dinucci
(1977) Compositor, guitarrista e cantor paulista. Faz parte do grupo Metá Metá e do coletivo Clube da Encruza.

Lina Bo Bardi
(1914-1992) Arquiteta ítalo-brasileira. Uma das figuras mais importantes da arquitetura modernista no Brasil. Foi a idealizadora do edifício do Museu de Arte Contemporânea de São Paulo (MASP) e da renovação do Pelourinho no centro histórico de Salvador nos anos 1980. Também trabalhou na criação do Museu de Arte Moderna, entre outros projetos emblemáticos.

Luciana Mello
(1979) Cantora e compositora paulistana, irmã de Jair Oliveira.

Luiz Carlos Maciel
(1938-2017) Jornalista, filósofo, escritor e roteirista gaúcho. Foi um dos fundadores do jornal O Pasquim (1969).

Luiz Galvão
(1937-2022) Poeta e músico baiano.

Luiz Inácio Lula da Silva
(1945) Conhecido como Lula, é um ex-
-metalúrgico, ex-sindicalista e político
pernambucano. Filiado ao Partido dos
Trabalhadores, assumiu a presidência
no Brasil entre 2003 e 2011, e foi reelei-
to em 2023.

Luiz Melodia
(1951-2017) Cantor e compositor carioca de MPB, rock, blues e samba. Criou
grandes sucessos, como "Pérola Ne-
gra" e "Farrapo Humano".

Luiz Tatit
(1951) Músico, linguista e professor
universitário paulista.

Lupicínio Rodrigues
(1914-1974) Cantor e compositor gaúcho.

Mallu Magalhães
(1992) Nome artístico de Maria Luiza
de Arruda Botelho Pereira de Magalhães. Cantora, compositora, instrumentista e produtora musical paulistana.

Marco Antônio Guimarães
(1948) Compositor, arranjador, cons-
trutor de instrumentos e violoncelista
mineiro. Fundador, diretor musical e
principal compositor do grupo mineiro de música instrumental Uakti.

Marcos Valle
(1943) Cantor, compositor, instrumentista e arranjador carioca.

Maria Bethânia
(1946) Cantora baiana. Irmã de Caetano Veloso, começou sua carreira cantando no emblemático show *Opinião*,
convidada por Nara Leão. É uma das
cantoras brasileiras mais aclamadas e
bem-sucedidas.

Mário Chamie
(1933-2011) Poeta e crítico paulista. Foi
Secretário Municipal da Cultura de
São Paulo entre 1979 e 1983.

Maria Moniz
(1984) Apresentadora de televisão e
atriz portuguesa.

Martinha
(1947) Nome artístico de Martha Vieira
Figueiredo Cunha. Cantora e compositora mineira. Destacou-se na Jovem
Guarda participando de programas
musicais e entrevistas nas mais importantes emissoras de televisão.

Milton Nascimento
(1942) Cantor, compositor e multi-
-instrumentista carioca. Reconhecido
mundialmente como um dos mais influentes e talentosos músicos da MPB.

Moraes Moreira
(1947-2020) Nome artístico de Antônio
Carlos Moraes Pires. Músico baiano,

membro do grupo Novos Baianos durante a década de 1970. Entrou mais tarde em uma carreira solo que rendeu 29 álbuns.

Nara Leão
(1942-1989) Cantora, compositora e instrumentista capixaba. Iniciou sua carreira de cantora líder da bossa nova.

Nei Duclós
(1948) Jornalista, poeta e escritor gaúcho. Publicou 17 livros de crônica, conto, poesia, romance e ensaios.

Nelson Gonçalves
(1919-1998) Nome artístico de Antônio Gonçalves Sobral. Cantor e compositor gaúcho. Foi o segundo maior vendedor de discos da história do Brasil, ficando atrás apenas de Roberto Carlos.

Noel Rosa
(1910-1937) Sambista, compositor, cantor, bandolinista, violonista carioca. Um dos mais emblemáticos artistas da música no Brasil.

Novos Baianos
Conjunto musical de rock e samba criado na Bahia em 1969. Formado por Moraes Moreira (violão e voz), Baby Consuelo (voz), Pepeu Gomes (guitarra), Paulinho Boca de Cantor (voz), Luiz Galvão (letras), Jorginho Gomes (bateria e bandolim) Dadi (baixo) e Bola e Baxinho (percussão). Criaram discos clássicos da MPB, como *Acabou Chorare* (1972) e *Novos Baianos F. C.* (1973). O grupo chegou ao fim em 1979 quando todos os integrantes resolveram seguir uma carreira solo.

Orlando Senna
(1940) Jornalista, cineasta e escritor baiano. Um dos mais destacados cineastas e teóricos do cinema baiano.

Os Brazões
Banda brasileira de rock psicodélico formada no Rio de Janeiro em 1968 por Miguel de Deus (guitarra), Edu Rocha (bateria) Roberto (guitarra solo) e Taco (percussão). Se apresentaram como banda de apoio de Gal Costa, Jards Macalé e Tom Zé.

Os Mutantes
Conjunto criado em 1967 por Rita Lee (vocal) e os irmãos Arnaldo Baptista (baixo e teclado) e Sergio Dias (guitarra). Depois, tiveram o acréscimo de Dinho Paes Leme (bateria) e Liminha (baixo). Considerado um dos mais importantes grupos de rock psicodélico do mundo.

Os Versáteis
Grupo musical que surgiu como destaque no cenário pop/rock dos anos 1960, misturando o rock da Jovem Guarda com bossa nova, entre outros gêneros. Formado em São Paulo por Ronaldo Lark (teclado e pistom), João

Nelson (guitarra base), Pedrinho Roger (guitarra solo), Gilson Cavalvante (contrabaixo), Waldemar Grion (bateria), Roberto Zanella (guitarra solo) e Hélio Fujita (piano e acordeão). Em 1968, gravou com Tom Zé no disco *Grande Liquidação* como banda de apoio.

Oswald de Andrade
(1890-1954) Poeta, ensaísta e dramaturgo paulista. Uma das figuras mais importantes do movimento modernista brasileiro, também foi um dos principais promotores da memorável Semana de Arte Moderna de 1922. É o autor dos famosos Manifesto da Poesia Pau-Brasil (1924) e Manifesto Antropófago (1928).

Otávio Basso
(1946-2015) Músico e arranjador paulista.

O Terno
Banda paulistana de indie rock fundada em 2009. Composta por Tim Bernardes (vocal), Biel Basile (bateria), Guilherme D'Almeida (violão) e Victor Chaves (bateria).

Patricia Marx
(1974) Nome artístico de Patricia Marques de Azevedo. Cantora, compositora e musicista paulistana.

Paulinho Boca de Cantor
(1946) Nome artístico de Paulo Roberto Figueiredo de Oliveira. Cantor e compositor baiano. Foi um dos membros fundadores dos Novos Baianos.

Paulo Lepetit
(1958) Compositor, produtor musical e contrabaixista paulista. Conhecido por seus trabalhos ao lado de Itamar Assumpção, Cássia Eller, Chico César, Ney Matogrosso e a cantora Fortuna.

Paulo Sérgio
(1944-1980) Cantor, compositor e ator capixaba. Considerado um dos maiores artistas da música romântica do país.

Paulo Tatit
(1955) Músico paulistano, conhecido por fundar a dupla musical Palavra Cantada junto a Sandra Peres.

Pélico
(1976) Cantor, compositor e guitarrista paulistano.

Piero Bastianelli
(1935) Maestro, violoncelista e professor italiano. Criou o projeto que deu origem à Orquestra Sinfônica da Bahia.

Pitágoras
(570 a.C – 496 a.C) Filósofo e matemático grego. Fundou o movimento chamado Pitagorismo.

Pitty
(1977) Nome artístico de Priscilla Novaes Leone. Cantora, compositora, produtora, escritora, apresentadora e multi-instrumentista baiana.

Reinaldo Moraes
(1950) Escritor, roteirista, cronista e tradutor paulistano. Autor do romance *Tanto Faz* (1981), livro cultuado por diversas gerações.

Rita Lee
(1947) Cantora, compositora, multi-instrumentista, atriz, escritora e ativista paulista. Conhecida como a "Rainha do Rock Brasileiro".

Roberto Duailibi
(1935) Escritor e publicitário mato-grossense-do-sul.

Roberto S'antana
(1943) Produtor musical baiano.

Rodrigo Amarante
(1976) Músico, cantor e compositor carioca. É integrante da banda Los Hermanos. Passou a dedicar-se também à Orquestra Imperial e, posteriormente, à banda Little Joy.

Rogério Duprat
(1932-2006) Maestro, arranjador e compositor carioca. Foi um dos criadores do manifesto Música Nova em 1961. Considerado um dos principais nomes da Tropicália.

Rubens Côrrea
(1931-1996) Diretor teatral e ator mato-grossense-do-sul.

Rubens Gerchman
(1942-2008) Artista visual carioca, associado a movimentos vanguardistas como a arte pop, o concreto e a arte neoconcreta.

Sean Lennon
(1975) Cantor, compositor, multi-instrumentista, escritor, produtor musical, ator estadunidense de ascendência japonesa, irlandesa e britânica. É o único filho de John Lennon com Yoko Ono.

Serginho Leite
(1955-2011) Sérgio de Souza Leite, mais conhecido por Serginho Leite, foi um músico, arranjador, instrumentista, humorista e radialista paulistano.

Sérgio Ricardo
(1932-2020) Cantor e compositor paulista, principalmente relacionado ao gênero bossa nova. Compôs a trilha sonora dos filmes *Deus e o Diabo na terra do sol* (1964) e *Terra em transe* (1967), de Glauber Rocha. Também trabalhou como ator e diretor de cinema.

Sérgio Dias
(1951) Cantor e compositor paulistano. Mais conhecido por ser fundador integrante da banda Os Mutantes.

Sérgio Rodrigues
(1927-2014) Arquiteto e designer carioca de reconhecimento internacional.

Silvio Santos
(1930) Nome artístico de Senor Abravanel. Apresentador de televisão e empresário carioca filiado ao União Brasil. Também atuou como cantor-compositor de marchinhas.

Stanley Kubrick
(1928-1999) Cineasta, roteirista, produtor e fotógrafo estadunidense. Frequentemente apontado como um dos diretores mais influentes da história do cinema.

Suzana Salles
(1955) Cantora paulistana, ligada ao movimento cultural Vanguarda Paulista. Em 2002, foi citada como "a maior intérprete brasileira atual da obra de Bertolt Brecht e Kurt Weill".

The Beatles
Banda de rock britânica formada em 1960 na cidade de Liverpool, considerada a mais influente de todos os tempos. Composta por John Lennon, Paul McCartney, George Harrison e Ringo Starr.

Thomas Mann
(1875-1955) Escritor, ensaísta, contista e crítico social alemão. Considerado um dos maiores romancistas do século XX. Nobel de Literatura em 1929.

Tom Jobim
(1927-1996) Pianista, cantor e compositor carioca. Considerado um dos criadores da bossa nova.

Torquato Neto
(1944-1972) Poeta, jornalista e compositor piauiense. Considerado um dos grandes nomes da Tropicália.

Tortoise
Banda estadunidense de rock instrumental e post-rock formada em Chicago (1990). Composta por John McEntire, Jeff Parker, A Grape Dope, Doug McCombs, David Pajo, Bundy K. Brown e Dan Bitney.

Trupe Chá de Boldo
Banda formada em São Paulo (2005) liderada por Ciça Góes.

Vinicius de Moraes
(1913-1980) Poeta, dramaturgo, jornalista, diplomata, cantor e compositor carioca.

Walter Franco
(1945-2019) Cantor e compositor paulistano. Considerado um dos músicos mais influentes no cenário underground brasileiro e um dos mais revolucionários da história da MPB.

Walter Smetak
(1913-1984) Compositor, violoncelista e escritor suíço-brasileiro. Sua sólida pesquisa influenciou toda uma gera-

ção na UFBA (Universidade Federal da Bahia).

Washington Olivetto
(1951) Publicitário paulistano, responsável por algumas das campanhas mais importantes da propaganda nacional.

Willy Correia de Oliveira
(1938) Compositor pernambucano, participou do manifesto Música Nova de 1963.

Yeda Pessoa de Castro
(1937) Etnolinguista baiana.

Zé Celso Martinez Corrêa
(1937) Diretor teatral, dramaturgo e ator paulista. Uma das figuras mais importantes do teatro brasileiro. Dirige o icônico grupo experimental Teatro Oficina, com o qual encenou *O Rei da Vela* de Oswald de Andrade em 1967, produção que estabeleceu um claro diálogo com o nascente movimento tropicalista.

Zé Keti
(1921-1999) Nome artístico de José Flores de Jesus. Cantor carioca e compositor do samba brasileiro. Durante a década de 1940, começou sua carreira na ala dos compositores da escola de samba Portela.

Zélia Duncan
(1964) Cantora, compositora e atriz fluminense. Em 2016, ganhou o Prêmio da Música Brasileira em três categorias diferentes: Melhor Álbum de Samba, Melhor Cantora de Samba e Melhor Canção por "Antes do Mundo Acabar" com Zeca Balero.

DISCOGRAFIA

1968
GRANDE LIQUIDAÇÃO

Selo: Rozenblit LP 50010
Produtor: João Araújo
Arranjos: Damiano Cozzela
e Sandino Hohagen
Participação: Os Versáteis
e Os Brazões

LADO A

1. São São Paulo Meu Amor (Tom Zé)

2. Curso Intensivo de Boas Maneiras (Tom Zé)

3. Glória (Tom Zé)

4. Namorinho de Portão (Tom Zé)

5. Catecismo, Creme Dental e Eu (Tom Zé)

6. Camelô (Tom Zé)

LADO B

1. Não Buzine Que Eu Estou Paquerando (Rancho e etc. — Hino da LBAP)
(Tom Zé)

2. Profissão de Ladrão (Tom Zé)

3. Sem Entrada e Sem Mais Nada (Tom Zé)

4. Parque Industrial (Tom Zé)

5. Quero Sambar Meu Bem (Tom Zé)

6. Sabor de Burrice (Tom Zé)

1970
TOM ZÉ

Selo: RGE XRLP 5351
Produtor: João Araújo
Coordenação: Shapiro
Arranjos: Chiquinho de Morais,
Hector Lagnafietta e Capacete
Participação: Baby Consuelo
em "Jeitinho Dela"

LADO A

1. Lá Vem a Onda (Tom Zé, Anderson Benvindo)
2. Guindaste a Rigor (Tom Zé)
3. Distância (Tom Zé- João Araújo, Laís Marques)
4. Dulcinéia Popular Brasileira (Tom Zé)
5. Qualquer Bobagem (Tom Zé, Mutantes)
6. O Riso e a Faca (Tom Zé)

LADO B

1. Jimmy, Renda-se (Tom Zé, Valdez)
2. Me Dá, Me Dê, Me Diz (Tom Zé)
3. Passageiro (Tom Zé)
4. Escolinha de Robô (Tom Zé)
5. Jeitinho Dela (Tom Zé)
6. A Gravata (Tom Zé)

1972
SE O CASO É CHORAR

Selo: Continental SLP 10.084
Acompanhamento:
Grupo Capote

LADO A

1. Happy End (Tom Zé, Antônio Pádua)
2. Frevo (Tom Zé, Tuzé de Abreu)
3. A Babá (Tom Zé)
4. Menina, Amanhã de Manhã (O Sonho Voltou) (Tom Zé, Perna)
5. Dor e Dor (Tom Zé)
6. Senhor Cidadão (Tom Zé/Augusto de Campos)

LADO B

1. A Briga do Edifício Itália e do Hilton Hotel (Tom Zé)
2. O Anfitrião (Tom Zé)
3. O Abacaxi de Irará (Ribeiro, Tom Zé, Perna)
4. O Sândalo (Tom Zé)
5. Se o Caso é Chorar (Tom Zé, Perna)
6. Sonho Colorido de um Pintor (Talismã, Narciso Lobo)

1973
TODOS OS OLHOS

Selo: Continental SLP 10.121
Acompanhamento:
Grupo Capote

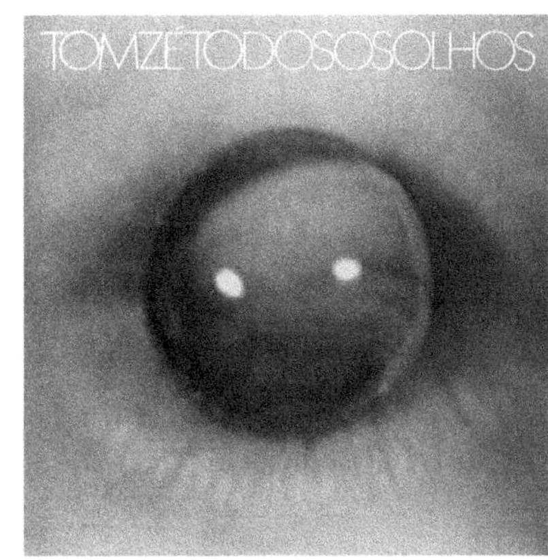

LADO A

1. Complexo de Épico (Tom Zé)

2. A Noite do Meu Bem (Dolores Duran)

3. Cademar (Tom Zé/Augusto de Campos)

4. Todos os Olhos (Tom Zé)

5. Dodó e Zezé (Odair Cabeça de Poeta/Tom Zé)
Participação: Odair Cabeça de Poeta

6. Quando Eu Era Sem Ninguém (Tom Zé)

LADO B

1. Brigitte Bardot (Tom Zé)

2. Augusta, Angélica E Consolação (Tom Zé)

3. Botaram Tanta Fumaça (Tom Zé)

4. O Riso e a Faca (Tom Zé)

5. Um Oh! e Um Ah! (Tom Zé)

6. Complexo de Épico (Tom Zé)

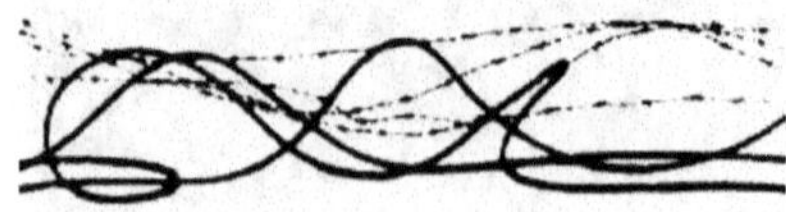

1976
ESTUDANDO O SAMBA

Selo: Continental 1.01.404.123
Produtor: Heraldo do Monte
Arranjos: José Briamonte

LADO A

1. Mã (Tom Zé)
2. A Felicidade (Tom Jobim, Vinicius de Moraes)
3. Toc (Tom Zé)
4. Tô (Élton Medeiros, Tom Zé)
5. Vai (Menina Amanhã de Manhã) (Tom Zé, Perna Fróes)
6. Ui (Você Inventa) (Tom Zé, Odair)

LADO B

1. Dói (Tom Zé)
2. Mãe (Mãe Solteira) (Tom Zé, Élton Medeiros)
3. Hein? (Tom Zé, Vicente Barreto)
Participação: Vicente Barreto
4. Só (Solidão) (Tom Zé)
5. Se (Tom Zé)
6. Índice (Tom Zé, José Briamonte, Heraldo do Monte)
Participação: Osório

1978
**CORREIO DA ESTAÇÃO
DO BRÁS**

Selo: Continental 1.01.404.177
Produtor: Cesare Benvenuti
Arranjos: Otávio Basso

LADO A

1. Menina Jesus (Tom Zé)

2. Morena (Adpt. Tom Zé)

3. Correio da Estação do Brás (Tom Zé)

4. Carta (Tom Zé)

5. Pecado Original (Tom Zé)

LADO B

1. Lavagem da Igreja de Irará (Tom Zé)

2. Pecado Rifa e Revista (Tom Zé)

3. A Volta de Xanduzinha (Maria Mariô) (Tom Zé)

4. Amor de Estrada (Tom Zé, Washington Olivetto)

5. Lá Vem Cuíca (Tom Zé, Vicente Barreto)

6. Na Parada de Sucesso (Tom Zé, Vicente Barreto)

1984
NAVE MARIA

Selo: RGE 308.6062
Produtor: César Benvenuti
Arranjos: Otávio Basso

LADO A

1. Nave Maria (Tom Zé)
2. Mamar no Mundo (Tom Zé)
3. Su Su Menino Mandú (Tom Zé, Odair Cabeça de Poeta, Oscar Souza)
4. Cilindrada (Tom Zé)
5. Identificação (Tom Zé)

LADO B

1. Neném Gravidez (Tom Zé)
2. Acalanto Nuclear (Tom Zé)
3. Conto de Fraldas (Tom Zé)
4. Mestre Sala (Tom Zé)
5. Teu Olhar (Tom Zé)

1990
CANTANDO PRA PLATEIA
(COM GEREBA)

Selo: Independente 521.404.183
Gravado ao vivo no Teatro
Caetano de Campos, em São
Paulo, em junho de 1990, no
Projeto Adoniran Barbosa

LADO A
1. Modas Pro Lua (Gereba)
2. Valsa Derradeira (Gereba, Capinan)
3. Se O Caso É Chorar (Tom Zé, Perna Fróes)
4. Maria Bago Mole (Tom Zé, Dega de Bráulio, Deraldo Miranda)
5. Moreninha (Tom Zé)
6. Dedo (Tom Zé)

LADO B
1. Carinhoso (Pixinguinha, João de Barro)
2. São São Paulo (Tom Zé)
3. Santa Rosa (Gereba)
4. Pro Mestre Zequinha de Puciano (Tom Zé)
5. Neto (Do Corintians) (Tom Zé)
6. Frevo do Bi (Jackson do Pandeiro)

1990
THE BEST OF

Selo: Luaka Bop — 7599-26396-1
Produtor: David Byrne

LADO A

1. Mã (Tom Zé)
2. O Riso e a Faca (Tom Zé)
3. Toc (Tom Zé)
4. Tô (Élton Medeiros/Tom Zé)
5. Um Oh! e Um Ah! (Tom Zé)
6. Ui! (Você Inventa) (Tom Zé/Odair Cabeça de Poeta)
7. Cademar (Tom Zé/Augusto de Campos)
8. Só (Solidão) (Tom Zé)

LADO B

1. Hein? (Tom Zé/Vicente Barreto)
2. Augusta, Angélica E Consolação (Tom Zé)
3. Dói (Tom Zé)
4. Complexo de Épico (Tom Zé)
5. A Felicidade (Tom Jobim/Vinicius de Moraes)
6. Vai (Menina Amanhã de Manhã) (Tom Zé/Perna Fróes)
7. Nave Maria (Tom Zé)

1992
HIPS OF TRADITION
THE RETURN OF TOM ZÉ

Selo: Luaka Bop — 9 45118-2
Produtor: David Byrne e
Yale Evelev
Direção Musical: Arto Lindsay
Arranjos: Tom Zé

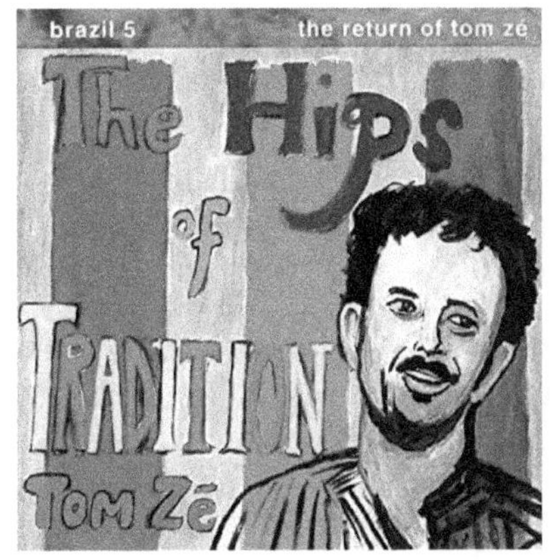

1. Ogodô Ano 2000 (Tom Zé)
2. Sem A Letra "a" (Tom Zé, Elifas Andreato)
3. Feira De Santana (Tom Zé)
4. Sofro De Juventude (Tom Zé, Eder Sandoli)
5. Cortina 1 (Dougie Bowne, Arto Lindsay, Ciro Baptista, Tom Zé)
6. Pra Você Gostar de Mim (Taí) (Joubert de Carvalho)
7. Iracema (Adoniran Barbosa)
8. Fliperama (Tom Zé)
9. O Amor É Velho - Menina (Tom Zé)
10. Cortina 2 (Dougie Bowne, Arto Lindsay, Ciro Baptista, Tom Zé)
11. Tatuarambá (Tom Zé, Julio Fischer)
12. Jingle Do Disco (Tom Zé, Julio Fischer)
13. Lua Gira-Sol (Tom Zé)
14. Cortina 3 (Dougie Bowne/Arto Lindsay, Ciro Baptista, Tom Zé)
15. Multiplicar-se Única (Tom Zé)
16. Cortina 4 (Dougie Bowne/Arto Lindsay, Ciro Baptista, Tom Zé)
17. O Pão Nosso De Cada Mês (Tom Zé)

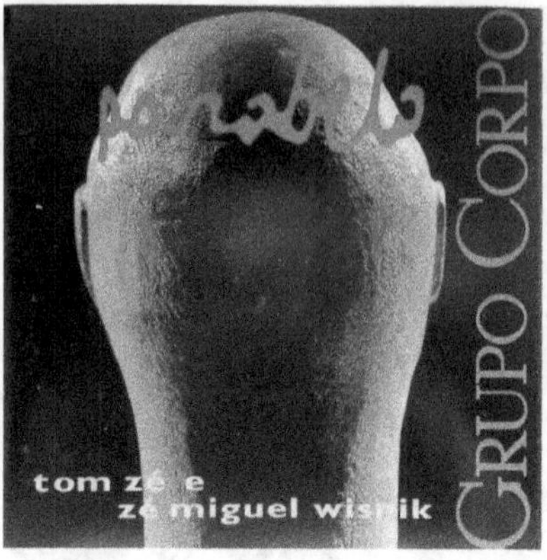

1997
PARABELO

Selo: Grupo Corpo GC003
Música: Tom Zé e
José Miguel Wisnik
Produção: Alê Siqueira e
Paulo Tatit
(Trilha sonora do espetáculo
de dança do Grupo Corpo)

1. Emerê (Tom Zé, José Miguel Wisnik)
2. Emoremê (Tom Zé, José Miguel Wisnik)
3. Assum Branco (Tom Zé, José Miguel Wisnik)
4. Baião Velho (Tom Zé, José Miguel Wisnik)
5. Uauá (Tom Zé, José Miguel Wisnik)
6. Canudos (Tom Zé, José Miguel Wisnik)
7. Bendegó (Tom Zé, José Miguel Wisnik)
8. Cego Com Cego (Tom Zé, José Miguel Wisnik)
9. Xiquexique (Tom Zé, José Miguel Wisnik)

1998
COM DEFEITO DE FABRICAÇÃO

Selo: Trama T500-054-2
Produtor: José Miguel Wisnik
Produtor (Brasil): André Abujamra
e Gilberto Assis
Consultor: David Byrne e
Yale Evelev
Arranjo: Paulo Tatit e Alê Siqueira

1. Defeito 1 - O Gene (Tom Zé. Pedro Braz)
2. Defeito 2 - Curiosidade (Tom Zé. Gilberto Assis)
3. Defeito 3 - Politicar (Tom Zé)
4. Defeito 4 - Emerê (Tom Zé. José Miguel Wisnik)
5. Defeito 5 - O Olho Do Lago (Cid Campos)
6. Defeito 6 - Esteticar (Tom Zé. Vicente Barreto. Carlos Rennó)
7. Defeito 7 - Dançar (Tom Zé)
8. Defeito 8 - Onu. Vendem-se Armas (Tom Zé. André Abujamra)
9. Defeito 9 - Juventude Javali (Tom Zé)
10. Defeito 10 - Cedotardar (Moacir Albuquerque. Tom Zé)
11. Defeito 11 - Tangolomango (Tom Zé, Adoniran Barbosa)
12. Defeito 12 - Valsar (Tom Zé)
13. Defeito 13 - Burrice (Tom Zé)
14. Defeito 14 - Xiquexique (Tom Zé, José Miguel Wisnik)

1998
NO JARDIM DA POLÍTICA

Selo: Independente TZ 1073
Violão: Charles Furlan
Gravado ao vivo no Teatro
Lira Paulistana, São Paulo, 1984

1. No Jardim Da Política (Tom Zé)

2. Democracia (Vicente Barreto, Tom Zé)

3. Sobre A Liberdade (Vicente Barreto, Tom Zé)

4. No Jardim Da Política (Tom Zé)

5. Classe Operária (Tom Zé)

6. Desafio Do Bóia-fria (Tradicional)

7. Marcha Partido (Tom Zé)

8. Figura Nacional (Tom Zé)

9. Dólar (Tom Zé)

10. Vá Tomar (Tom Zé)

11. Minha Carta (Tom Zé)

12. Ui! (Você Inventa) (Tom Zé, Odair Cabeça de Poeta)

2000

JOGOS DE ARMAR

Selo: Trama TESN/111-2
Produtor: Carol Escorel, Erik
Balestrini e Pat Prudente
Arranjos: Tom Zé e Gilberto Assis
Apresenta um segundo CD com
o título "CD Auxiliar - Cartilha de
Parceiros"

1. Passagem De Som (Tom Zé, Gilberto Assis)
2. Peixe Viva (Iê-quitíngue) (Tom Zé, José Miguel Wisnik)
3. Jimmy, Renda-se (Tom Zé, Valdez) - Moeda Falsa (Tom Zé)
4. Chamegá (Tom Zé, Vicente Barreto)
5. Desafio (Tom Zé, Gilberto Assis)
6. Pisa Na Fulô (João do Vale, Ernesto Pires, Silveira Júnior)
7. Asa Branca (Luiz Gonzaga, Humberto Teixeira)
8. Conto de Fraldas (Tom Zé)
9. Medo De Mulher (Tom Zé)
10. O Pib Da Pib (Prostituir) (Tom Zé, Sergio Molina, Alê Siqueira)
11. Cafuas, Guetos E Santuários (Tom Zé)
12. A Chegada De Raul Seixas E Lampião No Fmi (Tom Zé)
13. Perisséia (Tom Zé, Capinan)
14. Sonhar (Sonho da Criança-Futuro-Bandido da Favela, na Noite de Natal)
(Tom Zé, Sergio Molina)

2003
IMPRENSA CANTADA

Selo: Trama T004/894-2
Produtor: André Szajman,
Cláudio Szajman, João Marcello
Bôscoli
Arranjos: Maestro Nelsinho

1. Dona Divergência (Lupicínio Rodrigues, Felisberto Martins)
2. Companheiro Bush (Max Remix) (Tom Zé)
3. Requerimento À Censura (Tom Zé)
4. Desenrock-se (Tom Zé)
5. Interlagos F1 (Tom Zé, Paulo Lepetit)
6. 1, 2 Identificação (Tom Zé)
7. Urgente, Pela Paz (Tom Zé)
8. Sem Saia, Sem Cera, Censura (Tom Zé)
9. Vaia De Bêbado Não Vale (Tom Zé, Vicente Barreto)
10. Língua Brasileira (Tom Zé)
11. Vaia De Bêbado Não Vale (Tom Zé, Vicente Barreto)
12. São São Paulo (Tom Zé) /
Asa Branca (Luiz Gonzaga, Humberto Teixeira)
13. Você É O Mel (You Are The Top) (Cole Porter/Adpt. Augusto de Campos)
14. Bate Boca (De "santagustin") (Tom Zé, Gilberto Assis)

2003
SANTAGUSTIN

Selo: Grupo Corpo GC006
Música: Tom Zé e
Gilberto Assis
(Trilha sonora do espetáculo
de dança do Grupo Corpo)

1. Marco Da Era (Tom Zé/Gilberto Assis)
2. Ayres Da Mantiqueira (Tom Zé/Gilberto Assis)
3. Noqueira Do Monte (Tom Zé/Gilberto Assis)
4. Moura-sion (Tom Zé/Gilberto Assis)
5. Pixinguin-rasqueira / Marky-patifório / Hermetório / Joãogilbertório / Yamanduzório (Tom Zé/Gilberto Assis)
6. Ciro-gberto (Tom Zé/Gilberto Assis)
7. Bate Boca (De ''santagustin'') (Tom Zé/Gilberto Assis)

2005
ESTUDANDO O PAGODE

Selo: Trama 748-2
Produção: Jair de Oliveira
Participação: Suzana Salles,
Zélia Duncan, Jair de Oliveira,
Patricia Marx, Edson Cordeiro
e Luciana Mello

1. Ave Dor Maria (Tom Zé, Gilberto Assis)
Citação: "Ave Maria" (J. S. Bach, C. Gounod)
2. Estúpido Rapaz (Tom Zé)
3. Proposta De Amor (Tom Zé, Gilberto Assis)
4. Quero Pensar (A Mulher De Bath) (Tom Zé)
5. Mulher Navio Negreiro (Tom Zé)
6. Pagode-enredo Dos Tempos Do Medo (Tom Zé)
7. Canção De Nora (Casa De Bonecas) (Tom Zé)
8. O Amor É Um Rock (Tom Zé)
9. Duas Opiniões (Tom Zé)
10. Elaeu (Tom Zé)
11. Vibração Da Carne (Tom Zé)
12. Para Lá Do Pará (Tom Zé)
13. Prazer Carnal (Tom Zé)
14. Teatro (Dom Quixote) (Tom Zé)
15. A Volta do Trem das Onze (8,5 Milhões de Km2) (Tom Zé)
16. Beatles A Granel (Tom Zé)

2006
DANÇ-ÊH-SÁ
DANÇA DOS HERDEIROS
DO SACRIFÍCIO

Selo: Irará Produções Musicais
IRARA001
Produção: Paulo LePetit

1. Uai-Uai (Revolta Queto-Xambá 1832) (Tom Zé, Paulo Lepetit)

2. Atchim (Revolta Paialá 1673) (Tom Zé, Paulo Lepetit)

3. Triú-Triii... (Revolta Malê 1835) (Tom Zé, Paulo Lepetit)

4. Cara-Cuá (Revolta Nagô-Oiá 1830) (Tom Zé, Paulo Lepetit)

5. Acum-Mahá (Revolta Jege-Mina-Fon 1834) (Tom Zé)

6. Taka-Tá (Revolta Banta 1910) (Tom Zé)

7. Abrindo as Urnas (Encourados de Pedrão 1823) (Tom Zé, Paulo Lepetit)

2008
DANÇ-ÊH-SÁ
O FIM DA CANÇÃO
AO VIVO

Selo: Tapecar - LPX34
Produtor: Paulo Lepetit

1. Acum-Mahá (Revolta Jege-Mina-Fon 1834) (Tom Zé)
2. Atchim (Revolta Paiaiá 1673) (Tom Zé, Paulo Lepetit)
3. Uai-Uai (Revolta Queto-Xambá 1832) (Tom Zé, Paulo Lepetit)
4. Triú-Triii... (Revolta Malê 1835) (Tom Zé, Paulo Lepetit)
5. Taka-Tá (Revolta Banta 1910) (Tom Zé)
6. Cara-Cuá (Revolta Nagô-Oiá 1830) (Tom Zé, Paulo Lepetit)
7. Abrindo as Urnas (Encourados de Pedrão 1823) (Tom Zé, Paulo Lepetit)
8. Xiquexique (Tom Zé, José Miguel Wisnik)

2008
ESTUDANDO A BOSSA
NORDESTE PLAZA

Selo: Biscoito Fino BF 864
Produtor: Daniel Maia
Arranjos: Tom Zé

1. Introdução (Brazil, Capital Buenos Aires) (Tom Zé)
2. Rio Arrepio (Badá-Badí) (Tom Zé, Arnaldo Antunes)
3. Barquinho Herói (Tom Zé, Arnaldo Antunes)
4. João Nos Tribunais (Tom Zé)
5. O Céu Desabou (Tom Zé)
6. Síncope Jãobim (Tom Zé)
7. Filho do Pato (Tom Zé, Arnaldo Antunes)
8. Outra Insensatez, Poe! (Tom Zé versão David Byrne)
9. Roquenrol Bim-bom (Tom Zé)
10. Mulher de Música (Tom Zé)
11. Brazil, Capital Buenos Aires (Tom Zé)
12. Amor do Rio (Tom Zé)
13. Bolero de Platão (Tom Zé)
14. Solvador Bahia de Caymmi (Tom Zé)
15. De: Terra; Para: Humanidade (Tom Zé)

2009
O PIRULITO DA CIÊNCIA

Selo: Biscoito Fino BF 610
Produtor: Charles Gavin

1. Nave Maria (Tom Zé)

2. Fliperama (Tom Zé)

3. Ui! (Você Inventa) (Tom Zé, Odair Cabeça de Poeta)

4. Companheiro Bush (Max Remix) (Tom Zé)

5. Abacaxi de Irará (Cultura de Irará) (Ribeiro José Francisco, Tom Zé, Perna)

6. Hein? (Tom Zé, Vicente Barreto)

7. Augusta, Angélica e Consolação (Tom Zé)

8. Menina Jesus (Tom Zé)

9. Ogodô Ano 2000 (Tom Zé)

10. Tô (Élton Medeiros, Tom Zé)

11. Roquenrol Bim Bom (Tom Zé)

12. Brigitte Bardot (Tom Zé)

13. Todos os Olhos (Tom Zé)

14. Jimmi Renda-se (Tom Zé, Valdez, Szaniecki)

15. Defeito 3 - Politicar (Tom Zé)

16. Faça Suas Orações (Tom Zé, Pedro Braz)

2012
TROPICÁLIA LIXO LÓGICO

Selo: Independente
AMZPAC000025
Produtor: Daniel Maia
Participação: Mallu Magalhães,
Rodrigo Amarante, Emicida,
Pélico e Washington

1. Apocalipsom A (O Fim No Palco do Começo) (Tom Zé)
2. Capitais E Tais (Tom Zé)
3. Tropicalea Jacta Est (Tom Zé)
4. O Motobói E Maria Clara (Tom Zé)
5. Marcha-Enredo da Creche Tropical (Tom Zé)
6. Amarração do Amor (Tom Zé)
7. Tropicália Lixo Lógico (Tom Zé)
8. Não Tenha Ódio No Verão (Tom Zé)
9. Jucaju (Tom Zé)
10. De-De-Dei Xá-Xá-Xá (Tom Zé)
11. A Terra, Meus Filhos (Tom Zé)
12. Debaixo da Marquise do Banco Central (Tom Zé)
13. Navegador de Canções (Tom Zé)
14. Aviso Aos Passageiros (Tom Zé)
15. NYC Subway Poetry Department (Tom Zé, Henrique Marcusso)
16. Apocalipsom B (O Começo No Palco do Fim) (Tom Zé)

TRIBUNAL DO FEICEBUQUE

Selo: Independente

1. Tribunal do Feicebuqui
(Marcelo Segreto, Gustavo Galo, Tatá Aeroplano, Emicida)
2. Zé a Zero (Tom Zé, Marcelo Segreto, Tim Bernardes)
3. Papa Francisco, Perdoa Tom Zé (Tim Bernardes, Tom Zé)
4. Taí (Joubert de Carvalho, Tom Zé, Marcelo Segreto)
5. Irará Iralá (Tom Zé)

2014
VIRA LATA NA VIA LÁCTEA

Selo: Independente
AMZPAC000238
Produtor: Daniel Maia
Participação: Criolo, O Terno,
Milton Nascimento, Trupe Chá de
Boldo, Filarmônica de Pasárgada,
Kiko Dinucci e Caetano Veloso

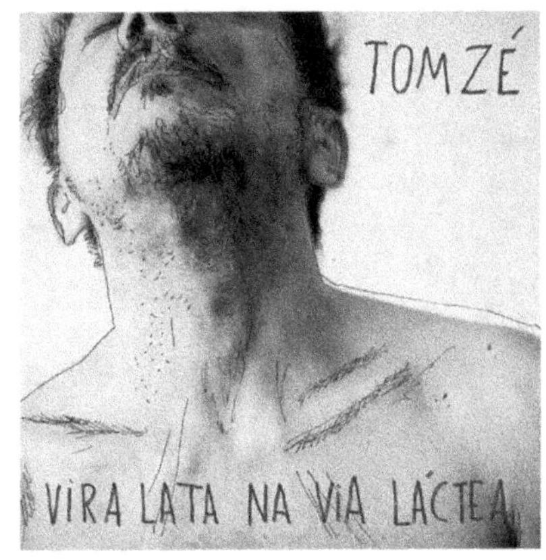

1. Geração Y (Tom Zé, Henrique Marcusso)
2. A Quantas Anda Você? (Tiago Araripe)
3. Banca de Jornal (Tom Zé, Criolo)
4. Cabeça de Aluguel (Tom Zé)
5. Pour Elis (Tom Zé/Fernando Faro)
6. Esquerda, Grana E Direita (Tom Zé)
7. Mamon (Tom Zé)
8. Salva Humanidade (Tom Zé, Elifas Andreato)
9. Guga Na Lavagem (Tom Zé, Marcelo Segreto)
10. Irará Irá Lá (Tom Zé)
11. Papa Perdoa Tom Zé (Tim Bernardes)
12. Retrato Na Praça da Sé (Tom Zé)
13. A Boca da Cabeça (Tom Zé)
14. A Pequena Suburbana (Tom Zé, Caetano Veloso)

2016
**CANÇÕES ERÓTICAS
PARA NINAR
URGÊNCIA DIDÁTICA**

Selo: Circus CPF 033
Produtor: Paulo Lepetit
e Daniel Maia

1. Sexo (Tom Zé)

2. Descaração Familiar (Tom Zé)

3. Urgência Didática (Tom Zé/Marcelo Segreto)

4. Sobe Ni Mim (Tom Zé)

5. Orgasmo Terceirizado (Tom Zé)

6. Usp X Gv (Tom Zé) Participação: Vange Milliet

7. No Tempo em Que Ainda Havia Moça Feia (Tom Zé)

8. Dedo (Tom Zé)

9. Arroz, Lenda e Buquê (Tom Zé)

10. Por Baixo (Tom Zé)

11. Cadê, Mané? (Tom Zé)

12. Levada: Sobe Ni Mim (Tom Zé)

13. Um Circo Voador (Tom Zé)

2017
SEM A LETRA A
UMA FÁBULA ALFABÉTICA
DE TOM ZÉ E
ELIFAS ANDREATO

Selo: Circus CPF048
Produtor: Tom Zé

1. Palavras Do Ar (Tom Zé, Elifas Andreato)
2. Forrobodó Do Abecê (Tom Zé, Elifas Andreato)
3. Curiosidade (Tom Zé, Elifas Andreato)
4. Como É O Nome Dela?? (Tom Zé, Elifas Andreato)
5. Sem Você Não A (Tom Zé, Elifas Andreato)
6. A Mágica Do G (Tom Zé, Elifas Andreato)
7. A Praga Do Silêncio (Tom Zé, Elifas Andreato)
8. Estrelas Sabem Voar (Tom Zé, Elifas Andreato)
9. A Maior Palavra Do Mundo (Tom Zé, Elifas Andreato)
10. Domingo Das Letras (Tom Zé, Elifas Andreato)

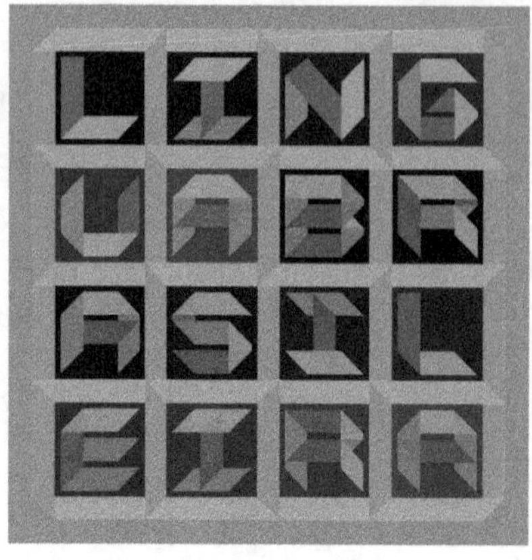

2022
LÍNGUA BRASILEIRA

Selo: Selo SESC SP CDSS 0166/22
Diretor criativo: Felipe Hirsch
Produtor: Daniel Ganjaman

1. Hy-Brasil Terra sem Mal
2. Pompeia - Piche no Muro Nu
3. Língua Brasileira
4. Unimultiplicidade
5. Gênesis Guarani
6. Metro Guide
7. Índio Desliga Jaraguá
8. A Língua Prova Que
9. San Pablo, San Pavlov San Paulandia
10. Clarice
11. Os Clarins da Coragem

azougue

Mais que uma editora, uma ponte entre culturas.